みるみる幸運体質になる!

「自分ほめ」

有川真由美

はじめに

あなたは、自分をほめることはありますか？

では、逆に、自分を叱ったり、責めたりすることはありますか？

自分をほめることはあまりなくて、自分を責めていることが多いのではありませんか？「どうして、こんなこともできないの？」「なんで自分だけ、そうなの？」「自分がイヤになる」……そんな言葉を心のなかでかけていませんか？

そして、そんな人たちが抱えているのは、こんな気持ちではないでしょうか？

「自分に自信がない」

自信のなさは、人間関係や仕事、人生を切り開いていくときに、心の重荷になって、伸び伸びと動けなくなってしまいます。そして、さらに自信がなくなる……という悪循環をたどります。

そんな自分への不信感にストップをかけて、自分に対する〝信頼〟を重ねていくのが「自分ほめ」なのです。

私も、かつては自信がなくて、自分を責めてばかりいるひとりでした。

「私には、誇れるものが何もない」とまわりの同僚や同級生と比較しては落ち込み、「だれも認めてくれない」「だれもわかってくれない」と寂しさを感じていました。

自分にも、まわりにも、失望しかけていました。

そんなとき、心のなかでくり返しつぶやいていたのは、こんな言葉でした。

「こんなはずじゃないでしょ」

これは、当時の私にとって精いっぱいの「自分ほめ」。「今は不甲斐ない状態だけど、もっとよくなる力と方法があるよね。私ならできるでしょ」と声をかけていたから、自信をなくすようなことがあっても、「こんなはずじゃない」と、前を向いて進んでこられたのだと思います。

それから二十年余り。私は日々、何かにつけ「よくやった」「素晴らしい！」「できる、できる！」「私なら大丈夫」などと自分をほめています。

自分のなかだけのことなので、恥ずかしいような言葉もかけます。

自信がもてるようになったから、自分をほめるのではありません。

むしろ、自信がもてないこともあるし、うまくいかないこともあるからこそ、だけは自分の〝味方〟になって、応援していきたいと思うのです。

とくに、がんばったこと、心をかけたこと、よく考えて決めたことなど、結果が出ず、他人からは認めてもらいにくいことは、せめて自分くらいは、自分をほめて、認めてあげないと、救われないでしょう？

私たちは、いつもほめられたいと思っているのに、「ほめ」が足りていないのかもしれません。

現代社会は、まわりの空気（期待）に合わせることがあたりまえになっていて、他人に「いいね！」をもらうことを〝自信〟とする思考回路になっているようです。

他人をマウンティングしてしまうのも、SNSで〝映え〟のする写真をアップするのも、承認欲求によるものかもしれません。

しかし、他人の「いいね！」をアテにしても、ほんとうの自信につながらないのです。まわりからのほめは100%自分の実力によるものではなく、相手しだい。いつも何かしら不安を抱えることになります。

他人からの承認が得られないと、「これでいいのか？」と右往左往することにもなるでしょう。

「自分ほめ」とは、自分自身で自分に「いいね！」を出していくことです。

ほんとうの自信とは、ありのままの自分を認めること、そして自分の小さな期待に一つひとつ応えることによってつくられていくものです。

それは、100%自分の力であり、自分をいちばん幸せにする選択ですから。

試しに1週間、「自分ほめ」を実行してみてください。

これまでムダに自分を責めていたことがわかって、ものすごく気がラクになります。
人生が楽しく思えてきて、ウキウキとした気持ちになるかもしれません。
顔つきが明るくなり、目に力が出てくるはずです。
自分を認めることは、ほんとうの自信をもつ唯一の方法なのです。

「自分ほめ」には、ほかにもこんな効果があります（第一章で詳しく書きます）。

【「自分ほめ」の7つの効果】

1　〝幸運体質〟になる（プラスの視点がクセになる）
2　他人の評価に振りまわされず、自分が満足できる生き方ができる
3　自分を信じられるので、パフォーマンスの質が上がる
4　イライラ、クヨクヨの感情に振りまわされなくなる
5　自分を好きになり、さらに魅力が高まる
6　人に対するストレスが減り、人間関係が良好になる
7　つらい出来事や、後悔を人生の糧《かて》にできる

「ほめる」とは、たんに上から目線でジャッジ（評価）することではなく、自分のなかにある〝愛〟を育てていくトレーニングともいえます。

人は、自分を愛せなくなると、生きられなくなります。

人を愛さなくなると、生きていく力が失われます。

感謝すること、誇りに思うこと、励ますこと、癒やすこと、労《ねぎら》うこと……そんな愛のある言葉をまとめて「ほめる」なのです。

人の未来は、自分が今、考えていることに大きく左右されます。

ほめることは、まわりに振りまわされがちで、先のことが不透明な今の時代において、自分への最高のプレゼントといえるでしょう。

ほめることは、お金も時間も労力も一切かかりません。

「自分ほめ」なら、だれが聞いているわけでもないので、どんな言葉をかけるのも自由です。

世界に何十億の人がいても、自分という人間はひとりだけ。そして、ほんとうの意味で自分を幸せにするのも、理解するのも、認めるのも自分しかいません。

自分を生きる時間は限られているのですから、とことん認めて、愛して、素晴らしい時間にしようではありませんか。

そんな心も体もよろこび、やる気がぐんぐんわいてくる「自分ほめ」の知恵を、毎日の生活にとりいれてみませんか？

まずは、「自分ほめ」がどうして、そんなに素晴らしい効果があるのか、そこからお伝えしていきましょう。

「自分ほめ」の例を読み進めながら、自分へのほめ言葉もかけてあげてください。ほめやすい言葉をランダムに選んでもかまいません。この本を読み終わったときには、前よりも自分を、好きになっているのを実感するはずです。そして、どんな自分でありたいかが見えてくるのではないでしょうか。

あなたの今と未来が、愛と誇りで輝くことを心から願っています。

有川真由美

みるみる幸運体質になる！「自分ほめ」もくじ

第二章　「自分ほめ」のコツが身につけば、一生ものの財産になります

第三章　一日を明るく元気にする「自分ほめ」

第六章　人間関係をやわらかくする「自分ほめ」

カバーデザイン　tabby design

第一章

「自分ほめ」で人生が変わる

「ほめて育てる」は、自分自身に対してこそ効果絶大です

どんな人も、これまでの人生で、ほめられたことはあるはずです。

性格や外見がいいこと、試験でいい点をとったこと、仕事をがんばったこと、親切をしたこと、おもしろかったこと、賢明だったこと……何でもかまいません。

ほめられたとき、どんな気分でしたか？

おそらく、うれしく、誇らしい気持ちになって、やる気がわいてきたでしょう。

そして、ますます期待に応えようと振る舞ったのではないでしょうか。

周囲から期待されるほど、成果を出すという心理を「ピグマリオン効果」といいます。「あなたはやればできる！」と言われて育った子どもは、自分はできる子だと信じ込み、「あなたはダメな子」と言われて育てば、ダメな子として振る舞うようになります。「子どもは、ほめて育てよ」「部下は叱るより、ほめたほうが伸びる」などと

言われます。

じつは、ほめて育てる「ピグマリオン効果」は、〝他人ほめ〟より〝自分ほめ〟こそ、絶大な効果を発揮するのです。

大人になると、ほめられることは少なくなります。他人からの評価を待っていては、「ほめられないと、不安」「報酬がないと、やる気がわかない」「叱られると、落ち込みを引きずる」など、他人に振りまわされたり、主体的に動けなくなったりするでしょう。

自分で自分をほめることは、そんな副作用はなく、いつでも、どこでも、どんなときでもできます。自分に対して、ほめ言葉をかけ続けていれば「そうだ。私はそんなほめられる人間なのだ」と思い込んで振る舞うようになります。

それに、自分が迷い、つまずきながらも進んできたこと、幸せだったこと、つらかったことなど、ずっと見てきて知っているのは自分自身。一部しか見ていない人からの評価より、もっとうれしく、説得力もある〝ほめ〟なのです。第一章では自分で自分をほめることが、どれだけ大きな効果を発揮するか、お伝えしていきましょう。

どうして自分をほめられないの？

じつは、かつて私も自分のことをほめることが、まったくありませんでした。自分をほめるなんてナルシストっぽいし、意味がないことだと思っていましたから。ほめるどころか、朝から晩まで自分を叱ってばかりいました。朝寝坊したら「なんで早く起きられないの！」、遅刻しそうになったら「いつもギリギリなんだから！」、久しぶりにスポーツジムに行ったら「サボると体が重いよね。あなたが悪い！」など、だれに叱られたわけでもないのに、自分で自分を責め続けていたのです。

自分をほめられない人は「ほめるところがない」「結果が出せていない」「人と比べて劣っている」「自分をほめるのに抵抗がある」など、さまざまな理由があるでしょうが、いちばんは「できてあたりまえ。できなければダメ！」という〝減点主義〟で生きているからではないでしょうか。

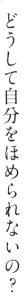

私たちの社会も、そんな減点主義の世界観が支配しています。

電車は時間通りにくるのがあたりまえ。コンビニは24時間開いていて商品がそろっているのがあたりまえ。仕事は問題なく結果を出すのがあたりまえ。人間関係は良好なのがあたりまえ。100点があたりまえの世界だから、ものすごくがんばって合格点でもたいして評価されないし、1点でもマイナスがあれば叩かれる……。そんな息苦しい世界で生きていると、できていない自分やまわりが許せず、苛立《いらだ》つはずです。

今、私は、朝から晩まで自分をほめています。寝坊しても「えらい。なんとか起きられた」、ギリギリでも「えらい。よく間に合った」、久しぶりにジムに行ったら「えらい。こられてよかったね」……というように。

すると、世界が明るく、やさしく見えてくるのは不思議なほど。まわりのすべてのことに対しても「えらい」「すごい」「素晴らしい」と思えてきます。

そして、息苦しく、疲弊する世界をつくりあげていたのも、その世界の住人になって自分を苦しめていたのも、結局、だれでもなく自分自身だった、と気づくのです。

「あなたはダメな人」の呪いにかけていませんか？

ここまで読んで、あなたは、「私は自分を責めてばかりいてダメだなぁ」とまた自分を責めているのではないでしょうか。

責める必要はありません。私たち人間は、1日6万回の思考をめぐらしていて、その多くはネガティブなことだといいます。

何万年もの間、人類が生き抜いていくためには、うれしいこと、楽しいことより、「ちょっと待って。これって、ヤバくない？」という問題に気をとめることが重要でした。そのため、自分に対してもネガティブな点に目が向くクセがあるのは当然なのです。

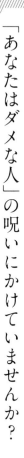

しかしながら、そんな点ばかりに目を向け、自分を責め続けていると、私たちは「あなたはダメな人ですよ～」という呪いを自分自身にかけていることになります。

子どものころ、自転車に乗る練習、逆上がりの練習をくり返しやった人は多いでしょう。転んでも、失敗しても、何度でもやろうとするのは、心の奥で「自分はぜったいできるはず」と信じていたからです。

でも、大人になると、一度の失敗で大きなダメージを受けたり、決めたことが三日坊主になって投げやりになってしまったりすることがあります。それは能力がないのではなく、「自分はダメな人だ」と自分を責めてしまうからです。

当然、パフォーマンス力は下がり、うまくいかないと「やっぱりダメな自分」が強化されていく……というスパイラルをたどります。私たちはよくも悪くも「私は○○な人」という思い込み（潜在意識）のなかで行動しているのです。

伸び伸びと力を発揮している人は、自分を当然、そうなる人として扱い、迷っても「私ならできる！」と魔法をかけるようにつぶやくでしょう。後ろ向きになる人は「どうせ私なんて……」という言葉を呪いのようにかけているはず。

そんな自分を苦しめる思い込みから解放してくれるのが、自分をほめるということ。自分を責めてばかりいると、自分が信じられず、ストレスで縮こまってしまうことになります。

自分自身をどんな人として扱うかが、自分になっていくのです。

潜在意識のナビゲーションに「自分ほめ」のデータを入力しよう

私たちの行動の9割以上は、私たちが知らず知らずに思い込んでいる〝潜在意識〟によってつくられています。

これはよく「海に浮かんだ氷山」に例えられます。海面に出ている1割の部分は、意識的に考えている〝顕在意識〟。水面下に隠れている残り9割は、無意識に考えている〝潜在意識〟で、これまで生きてきた記憶や経験はすべてインプットされていて、まるでAIのように自分にふさわしいシナリオをつくって私たちを動かしています。

だから、顕在意識で「あなたはお金持ちになれる！」などと言い聞かせようとしても、潜在意識が過去のデータから「いやいや、これまでそんな行動をしてこなかったあなたにはムリ」と否定していたり、「お金は卑しいもの」という刷り込みがあったりすると、当然、叶いません。何せ1対9の力の差がありますから。

そんな潜在意識を味方につける習慣が、自分への「ほめ言葉」なのです。

潜在意識にとって、「ほめ言葉」は最高に価値のある情報。「いいね」「よくがんばったね」「やればできる」とプラスの記憶をインプットするほど、セルフイメージは高まり、自分の目的に向かって、まるでナビゲーションのように進んでいきます。

反対に「どうせ私は……」「ダメな人」「能力がない」とマイナスの記憶をインプットするほど、自分の力を低く評価し、それにふさわしい場所に行き着くでしょう。

潜在意識は、24時間365日動き続けていて、これまでのデータベースをもとに目的地を決めたり、問題を乗り越えたりします。

私たちに表れている力は、まだ氷山の一角で、潜在意識の力をもっと味方にできれば、隠れている力はまだまだ出てくるはずなのです。

そのためには、愛のあるほめ言葉をかけ続けることが大事。潜在意識のデータベースにコツコツと「ほめ言葉」をインプットしていくと、その蓄積が普段の何げない行動として表れてきます。伸び伸びと力を発揮したり、幸せを感じたりしながら、素晴らしい場所に行きつくことも当然のなりゆきなのです。

他人からほめられるより、自分で自分をほめるほうが圧倒的に効果大

他人からほめられることは、とてもうれしいことです。

子どものころ、教師や友人にほめられたことが心の支えになったり、上司にほめられて、俄然《がぜん》、やる気になったりした人は多いでしょう。

女性は、恋人や夫から「きれいだよ」「かわいいね」とほめられて自信をもったり、さらに磨きがかかったりすることもあります。

しかし、それよりも、もっと大きな影響力があるのは、自分で自分をほめる習慣があることです。

【「自分ほめ」が他人からほめられるより効果がある理由】として、つぎの5つがあります。

①いつでも、どこでも、どんな状況でもほめられる

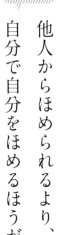

②圧倒的な回数でほめられるので、潜在意識に強くインプットされる
③自分の認めてほしいポイントを知ってほめられる
④自分のすべてを知っているため、「ほめ」に説得力がある
⑤ほめられる行動、自分を好きになる行動をとろうとする

〝もうひとりの自分〟になって自分のことをちゃんと見ること、ほめることを意識していると、自然に「こういう自分でありたい」「こんな自分は嫌《いや》だ」と、自分の期待に応える行動をとるようになります。

ほめてくれる相手が他人であれば、見えないところはごまかせても、自分には嘘はつけません。

自分で自分を認めることは、だれにほめられるよりも自分を安心させ、喜ばせて、自尊心を高めてくれることなのです。

「自分で自分をほめられる人生を送りたい」という気持ちは、だれの心の奥にもある願いであり、人生の目的のひとつといえるのかもしれません。

「自分ほめ」の効果1

〝幸運体質〟になる（プラスの視点がクセになる）

ここからは、「自分ほめ」には、もっともっと素晴らしい効果があることを具体的にお伝えしていきましょう。

「自分ほめ」の効果として真っ先に挙げたいのは、〝幸運体質〟になることです。

幸運になりやすい人は、もともと恵まれたものをもっていたり、たまたまいい環境にいたり、明るく社交的な性格だったりするからだと思っていませんか？

〝幸運体質〟は、だれでも自分の〝意思〟でもつことができるのです。

友人が突然の交通事故で大ケガをし、闘病していたことがありました。「なぜ私がこんな目に遭《あ》うのか」とわが身を嘆きそうですが、彼女がよく言っていたのは、「私の体は、ほんとうによくがんばっている」。

痛いのも苦しいのも、生きようとしている証拠。考えてみれば、心臓も肺も脳も、何十年間も一度も止まることなく働き続けてきたんだから、えらすぎよね……と。自分に愛のある言葉をかけ続けていたので、入院中も笑顔が絶えず、人が集まってくる。で、「素敵な人に出会ったの～」なんて恋愛まで引き寄せてしまったのです。

「自分ほめ」をしている人は、自分に「ないもの」「失ったもの」ではなく、「あるもの」「得ているもの」に目を向けるクセがあります。ちいさな幸せにも気づきやすく、何でもない日々の生活も幸せであふれています。反対に、自分を責めている人は、「ないもの」に目を向けて、いとも簡単に不幸な人になってしまうのです。

「何に目を向けるか？」という視点のクセは、キラキラしているか、どんよりしているかといったその人がまとうオーラにもなっていきます。

また「自分ほめ」をしていると、他人のこともほめたくなり、まわりの人に恵まれていると思えてきます。自分にイライラしていると、他人にもイライラします。

潜在意識には人称の区別がないので、いい点を見ようとする思考パターンは、他人にもどんな出来事にも当てはまるのです。

今の自分、今の現実は無色透明で、色をつけているのは自分自身。人も幸運も明るいものに集まるのですから、自分をほめて、明るい色をつけようではありませんか。

「自分ほめ」の効果2

他人の評価に振りまわされず、自分が満足できる生き方ができる

自分をほめることを1週間も続けていると、他人の評価があまり気にならなくなっていることに気づくはずです。

どんな人にも「認めてもらいたい」という承認欲求はあるものですが、自分で自分をほめて認めているので、他人からの評価をあまり気にしなくなるのです。

たとえば、一生懸命やった仕事をだれもほめてくれなくても、自分で「今日はよくがんばった！」「これまででいちばんよくできた。1年前に比べると、ずいぶん成長したな〜」などと自分をほめていると、自分の満足感や充実感で完結します。

すると、他人に認められることより、自分で自分を認めることのほうがずっと重要で、自分を好きになり、自信になると肌感覚でわかってきます。

結局のところ、やりたいことをやって自分を認めていれば、他人の評価は〝オマケ〟

のようなもの。あればうれしいけれど、なくてもそれはそれでいい、という気分になります。少々の批判も「そう思われてもしょうがない」とスルーできるのです。

他人の目を気にするクセのある人は、つねに人に合わせているので、自分が何をしたいかもわからなくなっているかもしれません。

人の期待に応えようとムリをしたり、人との比較に躍起になったり、SNSの「いいね」に一喜一憂したり……と、つねに人生のハンドルをだれかにあずけていることになります。一方、自分をほめていると、「自分はどうしたいか」「自分はどうありたいか」が軸になり、自分で人生のハンドルを握ることができるのです。

たとえば「ダメな人だと思われたくないから」と、人の目を気にして挑戦をためらっていた人も「ダメもとでも一度やってみよう」と自分の心の声に従って一歩を踏み出せるようになります。「嫌われたくないから」と、意見を言えずにいた人も「ちゃんと意見を言う自分でありたい」と自分のありたい姿に従って動くことができます。

自分がどうすれば満足するのかは、自分自身がいちばんわかっていること。自分で選択して動くことで、幸福感は増していきます。人の目にとらわれず、伸び伸びと動くほうが、人に評価されるのは不思議なほどです。

「自分ほめ」の効果3

自分を信じられるので、パフォーマンスの質が上がる

自分の力を存分に発揮している人、優れた結果を出している人、人を感動させる仕事をしている人など「すごいなぁ」と尊敬する人は、例外なく、謙虚です。

しかし、自分を卑下したり、ダメな人として扱ったりすることはありません。心の奥ではしっかりと自分をできる人として扱い、「よくやった！」「自分ならできる！」とほめているはずです。サッカーの有名選手がこう言っていたことがありました。

「よくやった、と自分をほめることがあっても、満足したことはない」

「自分ほめ」と「謙虚さ」は表裏一体。自分を認めているから、足りないことにも謙虚になれるのです。反対に、自分を信じられない人はまわりに虚勢を張ったり、注意されると傷つきやすかったりして、自分を高めていくことができません。

自分を信じることは、生きていくうえで何より大事。自分をどんなふうに、どれだ

け信じたかの〝セルフイメージ〟が、自分になっていくのです。

そんな信頼できる自分になるためにも、「自分ほめ」は絶大な効果があります。

【「自分ほめ」で自分を育てるサイクル】は……

①いつでも、どこでも自分をほめる

②自分の魅力や能力に気づけるようになる

③自分に対する印象〝セルフイメージ〟が高まる

④パフォーマンスの質が高まり、いい結果が生まれる。さらに自分をほめたくなる

……と、いい循環が生まれ、自分を信頼できるようになっていきます。

最初は半信半疑でほめていても、言葉は偉大な力があります。「どうせ私なんて……」と言っていた人も、「すごいよー」「できる、できる」とくり返しほめていると、だんだんそれを信じるようになるのです。私はスピーチをするとき、仕事の〆切に間に合わせたいとき、おしゃれをするときなど、とくに自分をほめまくります。

すると、心が落ち着いて、うまくいくような気がしてくる。いざというときに「何とかなるでしょ」と根拠のない自信がわいてきます。

自分を信じる気持ちは「自分ほめ」で培《つちか》われるのです。

「自分ほめ」の効果4

イライラ、クヨクヨの感情に振りまわされなくなる

イライラしたくないのに、イライラしてしまうことはありませんか？ そんなときは、たいてい、「イライラしちゃダメ！」と自分を叱っているはずです。

代わりにこう言ってあげましょう。

「そりゃあ、イライラもするよね。イライラするのに、よくがんばってるよ」

自然にわいてくる感情を否定しても、苦しくなるだけ。何の解決にもなりません。

まずは「まぁ、そうなるよね」と感情を認めることが始まり。そして、イライラを抱えてがんばっている自分のことをほめてあげてください。

いくらか救われたような気分になって「さて、どうしましょうかね？」と落ち着いて考えられるようになります。

泣いている子どもに「泣くな！」と叱ると、さらにギャーッと泣き叫び、「悲しかっ

たね」と抱きしめてあげると、だんだん落ち着いて泣き止むのと同じ要領です。

ミスや失言などでクヨクヨしてしまうときも、「小さなことでクヨクヨするな！」などと叱っても、気になるから仕方ないのです。

「気になるけど、ミスしたから気づけたこともあった。気づけたあなたはえらい！」

そんなふうに、ひとつでも「よかった」「えらい」などプラスのことを見つけてほめると、「ま、あれはあれでいいか」とクヨクヨにケリがつけられるのです。

そのため、挫折したとき、落ち込んだときも、立ち直りが早くなります。

「自分ほめ」の効果のひとつは、自分と自分の心を客観的に見られることです。

不安や怒り、後悔、罪悪感などマイナスの感情に振りまわされているときは、主観的な立場で怖がりすぎているから。それを他人《ひと》ごとのように見るだけで、過剰な不安や怒りから離れて「そんなに怖がらなくても大丈夫」と声をかけられるのです。

うれしいとき、楽しいときに、自分をほめれば、喜びは倍増します。

イライラ、クヨクヨするとき、悲しいとき、さびしいとき、やる気が出ないときこそ、「よしよし。よくがんばった」と自分をほめて、癒やしてあげましょう。

すべてが払拭《ふっしょく》できなくても、心の重荷はだんだん小さくなっていくはずです。

「自分ほめ」の効果5

自分を好きになり、さらに魅力が高まる

自分をほめていると、「私って、結構いいところがあるなぁ」と自分の魅力に気づきやすくなり、せっかくなら、それを生かそうという発想になってきます。

まるで、自分のなかから宝物を探し当てた感覚です。

「自分のことが嫌い」という人は、欠点ばかりに目が向いているはずです。

たとえば、毎朝、鏡を見るたびに「シミが〜」「シワが〜」「鼻が低い〜」などと心でつぶやいていると、本当はそれを上まわる魅力的なポイントがあったとしても気づかないばかりか、自分の顔が嫌いになってしまうでしょう。

最初は照れくさくても、「なかなか、かわいらしい目じゃないの」「笑うと、もっとかわいい」「アイラインを引くと目ヂカラが出る」など、ほめていると、新しい自分や可能性を発見できるようになります。

欠点も「シワも年相応の魅力かな」「低い鼻もチャームポイントね」など、魅力のひとつと思えてきたり、「しっかり保湿をして、もうシミもシワもつくらないわよ」とよりよい自分になるために努力したり。自分をほめていると、自分のもっているものをとことん大切にして、最大限に生かそうという気持ちになるのです。

「もう年だから」「私はかわいくないから」と自分を嘆いていては、何かに挑戦したり、人と交流したりする気持ちも萎《な》えてしまうでしょう。「その年齢なり、私なりの魅力がある」と自分をほめていたら、人から見ても魅力的になるのです。

また「あなたの短所と長所は？」という質問に、「短所は答えられても、長所がわからない」という人は少なくありません。じつは、かつての私もそうでした。

でも、短所と長所は裏表。「飽きっぽい」の裏には「好奇心が強く、瞬発力がある」、「面倒くさがり」の裏には「やるときはきっちりやろうとする」という利点もあります。日ごろから自分をほめていると、長所はいくらでも見つかり、短所もひとつの〝個性〟としてフラットに見られるようになります。

自分のことを愛せない人は、他人も愛せないし、他人からも愛されないものです。まずは、自分が自分の魅力に気づいて、思いっきり愛してあげてください。

「自分ほめ」の効果6

人に対するストレスが減り、人間関係が良好になる

人間関係のストレスになっている原因の多くは、相手に対する嫌悪感です。「あの人は嫌なことを言う」「許せない言動だ」「思いやりがない」など、受け入れられないことがあると、相手に対する嫌悪感になって、それが自分を苦しめているのです。

自分ほめを実践している人は、相手のいいところもみつけやすくなるので、「あんな人だけど、いいところもあるのよね」「苦手なところもあるけど、お世話になっているから仲良くしておこう」と、プラスの部分にもフォーカスできるようになります。

相手を好意的に見られることで、気がラクになり、職場のちいさな摩擦でクヨクヨしたり、家族にイライラしたり、恋人とうまく距離がとれずにモヤモヤしたりすることも劇的に減ります。そして、自分から心を開いて話しかけること、相手をほめること、素直に感謝すること、手助けすることなどが、自然にできるようになります。

当然、気分がよく、人間関係はよくなって、さらに「私は人とうまくつきあえる！」と自信が強化され、いい循環ができていきます。

特定の相手だけではありません。世の中のすべての人は、それぞれ価値があって、その人なりに一生懸命生きているんだという、やさしい目が向けられるようになり、心に余裕が生まれます。潜在意識は〝主語〟を認識しないので、自分を許せるようになると、人も許せるようになります。

つまり、人をあまり怖がらなくなるのです。自然体になって本音が言えたり、嫌なことには「ＮＯ」と断われたり、初対面でも落ち着いて話すことができたりするようになります。自分をほめていると、ほんとうは相手に振りまわされていたのではなく、相手を怖がる自分の気持ちに振りまわされていたのだ、と気づくはずです。

もうひとつ、「自分ほめ」の大きな効果は、相手に過度に期待するのではなく、自分に期待するようになること。相手に「～してくれない」「～するべき」と期待を押しつけて失望するのではなく、「そういうこともあるよね。ＯＫ！　あとはこちらで考えます」と〝相手の課題〟〝自分の課題〟を切り離せるようになります。自分にも相手にもＯＫを出す思考が身につくと、心がすり減ることもなくなるのです。

「自分ほめ」の効果7

つらい出来事や、後悔を人生のエネルギーにできる

「あんなことがなければ……」「あのとき、あんなことをしなければ……」

だれでも生きていれば、そんな思い出したくない出来事のひとつやふたつは、あるものです。それはそれとして、いただけないのは、〝過去〟の出来事を、〝今〟のふがいない自分への言い訳にしてしまうことです。

たとえば「子どものころ、いじめられたから、人が信用できなくなった」「あのとき、彼のプロポーズを受けていたら、今ごろ幸せに暮らしていたのに」「あの人さえいなければ、私は挫折することもなかった」というように。何かのせいにするのはラク。自分を正当化して、ダメな自分に甘んじることもできますから。

私たちは、過去がこうだから、今の自分もこうなってしまう。過去にできなかったから、今もできないなどと考えがちですが、そうではありません。

過去の経験ではなく、過去の〝解釈〟が、今の自分を支配しているのです。

つらい過去も、自分をほめることで受け入れられるようになります。

過去にいじめられたとしても、「見返してやりたくて勉強をがんばった私はえらい」「あのときひとりで耐えた私はえらい」「いじめられる人の気持ちを学んだ私はえらい」とほめることで、何かしら糧《かて》になっていることがわかります。

悲しみや後悔の裏側にも、人生の栄養になっていることがあるはずです。

どんなつらい経験をしていたとしても、それは私たちが幸せになれない原因にはなりません。人を信用できない原因にも、人生がうまくいかない原因にもなりません。

自分をほめることは、過去の足かせをはずして、目的に向かって進んでいく勇気を与えてくれます。過去がどうであろうと、「私はこうしたい」「こうでありたい」と今にフォーカスすれば、過去の経験も、それをサポートしてくれるものとして意味をもつようになるのです。

自分をほめていると、すべては自分が選んでいることで、ブレーキをかけているのも自分自身だとわかるようになります。自分しだいで何とでもなると思えてきます。

何かのせいにしない、自分を信頼するだけで、素晴らしい世界が待っているのです。

「もうひとりの自分」で明るく賢い応援団をもとう

自分をほめる習慣をもつことは、〝思考回路〟が変わることです。
すぐに落ち込んだり、不安になったりしてネガティブな思考に陥りがちだった人も、
自分にかける言葉が変わると、新たな思考が生まれます。

【自分とうまくつきあう「自分ほめ」の思考回路】とは……
・そのままの自分、変えられない現実を受け入れて認める
・減点方式ではなく、加点方式の思考になる
・ポジティブな記憶や情報が心の奥に留まる
・自己イメージがアップデートされる
・やりたいことが明確になって、潜在意識が味方になる

・前に進むための情報が集まり、アイデアが生まれる
・明るく建設的に考えて、今に集中できる

……というように、「自分ほめ」の思考回路が定着してくると、自分のもっているものを生かせるようになってきます。

「自分を変える」というより、本来の「自分に返る」といったほうがいいかもしれません。

私たちは、生きていくのに必要な力はすべてそろっています。

それは「感情」「思考」「行動」という素晴らしい力です。

3つの力を引き出すカギが、自分にかける「ほめ言葉」なのです。

自分へのほめ言葉で、心も脳も体も元気になってくるはずです。

これまでずっと自分を否定したり、責めたりしていた人も「自分ほめ」の思考を習慣として身につけるのは、むずかしいことではありません。人間は慣れる生きもの。「自分ほめ」の心地よさ、効果を実感すると、すぐになじんできます。

第二章では、「自分ほめ」が簡単に効果的にできる方法をお伝えしていきましょう。

第二章

「自分ほめ」のコツが身につけば、一生ものの財産になります

「自分ほめ」のコツ1

まずは、「あたりまえ」にしていることをほめましょう

×「私は、何もほめるところがない」

⇩

○「朝、ちゃんと起きられた私はえらい！」

いざ「自分をほめよう！」と思っても、「悪いところばかりに目がいってしまう」「ほめられるようなことは、何もしていない」「ほめ方がワンパターンになってしまう」などとむずかしく考えてほめられない人がいます。

お伝えしたいのは、自分をほめることは、とてもカンタンだということ。

まずは、私たちの日常のなかで、あたりまえにしていることをほめればいいのです。「健康のことを考えて朝ごはんを食べた私は、素晴らしい」「定時に、会社に着いた私はえらい」「同僚に笑顔であいさつをした私は、なんて素敵」……と、心でつぶやくように、日々がんばっている自分をほめましょう。

最初は「そんなことで……」と思っても、そんなことだからこそ、ほめられるとうれしく、救われるもの。ずっと自分を見ている自分だからこそ、ほめられることがあるはずです。

「えらい」「すごい」「素晴らしい」など、カンタンな言葉をつぶやくだけでもかまいません。「ほめすぎかなぁ」というくらいに、ほめちぎっていると、「あたりまえ」は決してあたりまえでないことに気づくはずです。

「自分ほめ」のコツ2

「いいな」と思ったら、いつでも、どこでも、すぐにほめましょう

△「バスで席を譲ってよかった」

⇑

○「バスで席を譲った私は、やさしい！　勇気がある！
なかなかやるではないか！」

日々生活していると、一日にひとつかふたつ、いえ、何十回と「よかった」と感じる場面があります。「私はほとんどない」と言うなら、気づいていないだけです。

たとえば「エレベーターを使わず3階まで上がった」「すぐに食事の片づけをした」「ヘアスタイルがいつもよりキマッた」「ノートを最後まで使い切った」「荷物をもってあげた」など些細《ささい》なことでいいのです。

「よかった」と感じたあとに、意識的に「私はえらい」とつけ加えてみてください。ほめ言葉にバリエーションをもたせるのは、慣れてきてからでOK。その場で、シンプルに「よし。よくやった！」「えらい！」とほめればいいのです。

たとえば、「エレベーターを使わず3階まで上がった」で終わるのではなく、「よくやった！　私もなかなかやるではないの！」とほめると、さらに気分がよくなってくるはずです。

人はほめられると、その気分のよさを心、脳、体にインプットして、またそんな気分を味わおうとする仕組みになっています。「自分ほめ」に〝ほめすぎ〟はありません。くり返しほめちぎって、調子に乗るぐらいでいいのです。些細なことでもほめていると、だんだんほめられる行動が増えていることを実感するでしょう。

「自分ほめ」のコツ3

「失敗した!」「私ってダメ!」というときも、すぐにほめ直しましょう

×

「家族にひどいことを言ってしまった。最悪」

⇩

○

「……ということに気づけた私はえらい!」

「次はやさしい言葉をかけようとしている私はもっとえらい!」

失敗や失言、判断ミスなど「やってしまった！」というとき、どう考えても、ほめられることは「ない」と思うかもしれません。「ダメじゃないの！」「いつもそうなんだから！」と自分を叱ったり、なじったりしてしまうこともあるでしょう。

自分にダメ出しをしてしまうのは、それだけ自分に期待しているからです。

自分のことを「どうしようもないクズ人間」と思っていれば、暴言を吐いても、ひどいことをしても平然としていられるのですから。

自分をほめることは、ダメな自分を正当化することではありません。

ダメなところがある自分も受け入れて、前に進もうとする〝種〟をみつけること。

どんな状況のなかでも、そんな種はかならずみつかります。

「次はもっとよくなろう」と成長して花を咲かせることもできます。

自分で自分を責めなくても、必要なときは人が責めてくれるでしょう。

自分を責めるだけでも、正当化するだけでも、前に進めません。「これはいけない」と思ったら、すぐさま「よく気づけたね」「次は大丈夫だよ」と、ほめ直してあげましょう。

「自分ほめ」のコツ4
感動したときは、ほめる絶好のチャンスです

△「夕陽がきれいだなぁ」
⇐
○「夕陽がきれいだと感じられる私は素晴らしい」

「うれしい」「楽しい」「おもしろい」「おいしい」「ワクワクする」「気持ちいい」など、感動したり、心が喜んだりしているときは、自分をほめる絶好の機会です。

感動したあとに、「そんな私は素晴らしい」とつけ加えてみましょう。

たとえば夕陽の美しさに感動したとき、ただ「きれいだ」だけでなく、「夕陽がきれいだと感じられる私はすばらしい」と〝私〟を主語にしてほめるのです。

すると「なぜ私は素晴らしいのか？」と、頭は自動的にその〝根拠〟を考えます。私は「感受性がある」「心の余裕がある」「時間と場所に恵まれている」など、もっているものを発見して、何とも幸せな気持ちをその場で〝体感〟できるのです。

ただ「夕陽がきれいでよかった！」だけで終わらせてはもったいない。自分をほめることで、一粒で二度おいしい、いえ、何度もその幸福感を味わえるのです。

「友達とワイワイ食事して楽しかった」というときも「そんな私っていいな」とつぶやくと「友人に恵まれている」「飾らない自分でいられる」と、喜びが倍増するだけでなく、自信が生まれます。「ご飯がおいしい」「料理が楽しい」「映画がおもしろい」「連絡をもらってうれしい」など、心がプラスに動いたときは何でもかまいません。セットで「こんな自分っていいな」と自分をほめる習慣をつくっていきましょう。

「自分ほめ」のコツ5
自分を他人と比較してほめてはいけません

×
「あの人に比べて収入が多い私はすごい！」

⇓

○
「満足できる収入を得られるようになった
私はすごい！」

自分をほめるために「あの人より私はできるからえらい」「平均よりも上だから私はいいほう」「あの人と比べると私はまだマシ」など他人と比較することはしないほうがいいでしょう。

他人との比較で勝ち続けることはできません。比較グセのある人は「あの人に仕事は負ける」「見た目は勝ち」「学歴は引き分け」など、気が休まらないはずです。

社会では比較されることは山ほどあるので、せめて自分だけはそこから距離を置いて「自分にとってどうなのか」という視点で自分を見てみるのです。

たとえば「あの人より収入が多いから、私はえらい」ではなく、「満足できる収入が得られているから、私はえらい」「あの人より仕事ができない私はダメだ」でもなく、「自分なりに精いっぱいがんばっている私はえらい」です。

比較は振りまわされるものではなく、自分を高めるために利用するもの。尊敬する人と比べて「自分はまだまだだけど、ああなれるようがんばろう」など自分のエネルギーに変換できるなら、比較する意味もあるでしょう。

そもそも人間の価値は決められるものではなく、他人との競争もありません。闘いがあるとすれば、自分らしくあるために闘う、ということだと思うのです。

「自分ほめ」のコツ6

〝結果〟よりも〝プロセス〟をほめましょう

△「試験に合格した私はさすが！」

⇩

○「どんなときもコツコツがんばっていた私はさすが！」

テストでいい点をとった子どもをほめるときに「いい点をとるあなたはすごい！」と結果をほめるのと、「一生懸命がんばったあなたはすごい！」とほめるのでは、子どもの行動が違ってくる……という実験結果があるそうです。

前者・後者に、むずかしいテストと簡単なテストのどちらかを選ばせると、前者は簡単なテストを選び、後者はむずかしいテストを選ぶ。最終的には後者のほうが、学力が伸び、前者は悪い点をとっても、嘘の報告をすることもあったとか。

そんなことは、大人の世界でもあるかもしれません。挑戦したいことがあっても、「失敗するのが嫌《いや》」「失敗したと思われるのが嫌」と結果や体裁を気にする人と、「やるだけやって、失敗したらしょうがない」と挑戦やプロセスに重きを置く人。自分の成長や幸福を考えるなら、当然、後者の価値観でほめたほうがいいでしょう。

それに、だれも見ていないところでがんばってきたこと、葛藤を抱えながら進んできたこと、挫折も乗り越えたこと……すべてのプロセスを知っているのは自分だけですから。

結果が出なかったときも、認められなかったときも「がんばってきたのはちゃんと見ているよ」と自分だけは自分を認めましょう。それが次の行動につながるのです。

「自分ほめ」のコツ7

些細《ささい》な変化に気づいてほめましょう

×

「代わり映えのしない日常だし、何も成長していない気がする」

⇩

○

「今月は、料理のレパートリーが3つ増えた。私は成長している！」

大人になると、なかなか自分自身の変化や成長に気づけないものです。人から「仕事が速くなったね」「明るくなった？」などと言われても、「そうお？自分ではわからない」と気づけない人も多いのではないでしょうか。

でも、自分の変化に気づくかどうかは、大ちがい。変化に気づけない人は、成長を実感できず、自信をなくしたり、毎日をつまらないと感じたりするでしょう。

海外の青少年のスポーツ現場では、変化を指摘して、成長に対する喜びを実感させることを重視します。「〇〇ができるようになった」「前よりよくなった」など〝快感〟が多いほど、それを追求するようになります。そのため、大人になって、だれに強制されなくても、自発的に「成長すれば喜びがある！」とやる気がわくのです。

〝自分育て〟はいつからでも始められます。まずは、自分の些細な変化や成長に気づきましょう。「〇〇ができるようになった」「手際がよくなった」「寝覚めがよくなった」「健康の知識が増えた」「会議で意見が言えるようになった」「人にやさしくなった」など自分をしっかり見て、変化を感じとりましょう。

プラスの変化に気づくことは、自分を俯瞰《ふかん》して見られるということ。自分というものが愛《いと》おしくなり、「まだまだ進化していける」と思えてくるのです。

「自分ほめ」のコツ8

自分への「ありがとう」は最高のほめ言葉です

○「お客さまに感謝。会社の仲間に感謝。両親に感謝」

⇩

◎「自分に感謝。働いてくれてありがとう。今まで生きていてくれて、ありがとう」

「ありがとう」という感謝の言葉は、言うのも言われるのも元気をもらえます。

仕事ができることに感謝。お客様に感謝。会社の仲間に感謝。家族や友人に感謝。ご先祖に感謝。暮らしを支えてくれる人に感謝……と感謝する人は限りなくいます。お世話になったときや礼儀として「ありがとう」を伝えているかもしれません。

さまざまなものに感謝することは大事だけれど、いちばん言っていなくて、そして、言うべき相手がいます。

それは自分自身。自分の外側に感謝しても、内側に感謝することはあまりないもの。

「ありがとう。おかげでこれまで何とかやってこられたよ」

自分に感謝なんてバカバカしいと思っても、言ってみると、不思議とじーんと染み入ります。体が動いたこと、眠れたこと、食べられたこと、笑えたこと、楽しめたこと、元気になれたこと、感謝できたこと……何をするにも自分が存在しているから。それは永遠でも、あたりまえでもなく、「有難《ありがた》きもの」と意識するようになります。

自分のことをいちばん幸せにしてくれるのは自分自身。眠りにつくとき、食事をするとき、いいことがあったとき、感動したときなど一日何度でもかまいません。「ありがとう。おかげさまで」と自分自身にも感謝を伝えましょう。

「自分ほめ」のコツ9

人からほめられたときは、一緒に自分をほめましょう

×
「笑顔をほめられたけど、
お世辞かしら」

⇐

○
「笑顔をほめられるなんてうれしい。
私の笑顔は結構いけている！」

自分で自分をほめるのもいいけど、人からほめられるのも、それはそれでうれしいものです。子どものころに学校の先生や親戚から「あなたは○○がいいね」「○○になれるよ」などと言われて、信じ込んだり、励みになったりした人は多いでしょう。

大人になっても「段取りがうまいね」「気配りがさすが」「服のセンスがいいね」「スタイルがいい」「やさしいね」などほめられたときは、それを糧《かて》にする絶好のチャンス。ほめられたら「いえいえ、そんなことは……」と謙遜するのではなく、「ありがとうございます。○○さんからほめられるなんてうれしい！」と素直に受けとって、さらに自分でも自分をほめましょう。

他人からのほめと、自分ほめの相乗効果で「そうだ。私は〜なのだ」と強くインプットされて大きな自信になります。

自分をほめる習慣があると、まわりの人もほめたくなるので、自然に相手をほめ返したり、自分から積極的にほめたりすることも多くなります。すると、またほめられることが増える……と、いいスパイラルができてきます。人間関係にもうるおいが出てくるはずです。

「自分ほめ」のコツ10

一歩でも進んだら、大いにほめましょう

×

「あれをやらなきゃいけないけど、やりたくないなぁ。あとでもいいか……」

⇓

○

「ね、ちょっとだけやってみない？

お、やれた！　できるできる！　素晴らしい！」

やる気が出ないとき、気持ちが後ろ向きになっているときは、「ね、ちょっとだけやってみない？」「5分だけやろうか」「この部分だけでいいよ」など、思いきりハードルを低くして、一歩でも進んだことをほめればいいのです。

〝やる気〟というのは、待っていても、なかなかわいてこないもの。放置しているうちにストレスになり、さらに腰が重くなってしまいます。

やる気は動くことでわいてくるのです。少しでも動けば、気持ちも思考も、自動的に前に進む体制にセットされます。「今日は仕事をしたくないなぁ」と思っていても、パソコンの前に座って、とりあえずメールの返信だけでもしてみると、いつのまにか夢中になっている。「外出したくないなぁ」と思っていても、顔を洗って身支度をしていると、今日の楽しいことを考えている……そんなことはあるでしょう。

つまり〝行動〟が先で〝感情〟と〝思考〟が後追いする。それをサポートしてくれるのが「自分ほめ」です。少しでもできたことを「すごい、すごい」「できる、できる」とくり返しほめているうちに、フットワークが軽くなったり、嫌なことにも積極的にとり組めたりします。

「自分ほめ」は、自分の行きたい方向に進むための強力な応援団なのです。

「自分ほめ」のコツ11

感情を切り口にしてほめるのは、自分と深い話をすることになります

×

「あの人のあのひと言、キツいなぁ。
なんだかモヤモヤする……」

⇐

○

「モヤモヤするのはどうして？
自分の○○に気づいた私はえらい！」

「なんだかモヤモヤする」「結構、傷ついた」「悲しくてたまらない」「腹が立ってしょうがない」というとき、「そんな気持ちになってはいけない」と自分を叱って感情をコントロールしようとしても、なかなかできるものではありません。

いったんそれを受け止めて、「どうしてそう感じるの?」と自分に質問してみましょう。すると、「ほんとうは~したい（してほしい）。でも、そうではない」という理想と現実のギャップがあることがわかります。たとえば「厳しく注意された」というとき、「やさしく注意してほしかった」「私は好かれたい」「私は注意されない人でありたい」など自分の本音の〝欲求〟に気づきます。その気づきをほめてあげましょう。

多くの場合、自分のほんとうの気持ちがわからないからモヤモヤするのです。

本音がわかれば、自動的に解決しようとする力が働きます。〝他人〟と〝過去〟は変えられないのでさておき、「みんなに好かれなくてもいいか」「次は注意されないようにしよう」と自分自身を調整しようとするのです。

また、感情を確かめていると「私はこういうのが苦手なんだ」「私はこういうのが心地いい」と、自分を知るきっかけにもなります。

自分の本音に気づくたびに、自分らしい選択をしていけるようになるのです。

「自分ほめ」のコツ12
マイナスのことをプラスの言葉に変換してほめましょう

×「今、スランプに陥っている。
何をやってもうまくいかない」

⇩

○「だからいいんじゃない！
スランプのときは、成長している。
乗り越えられたら、もっと成長する」

「最悪」「ついてない」「どん底だ」など落ちこむことはあるものですが、そんなとき「落ちこんではいけない！」「前向きにならなきゃ！」と気分を変えようとしても、気持ちはなかなか変わってくれないもの。しかし、〝マイナスの状況〟を〝プラスの言葉〟に変換することはそれほどむずかしくありません。「まぁ、そういうこともあるよね」と受け入れる表現をするだけで、心は安定するのです。

試しに「何をやってもうまくいかない。スランプだ」と感じたとき、「だから、いいんじゃない！」とほめてみてください。すると、「これを乗り越えたら、一皮むけて成長する」「こんなときこそ、人のありがたみがわかる」など何かしらプラスになっていることもあるとわかります。それに気づけたこともほめましょう。

「私はつい余計な発言をして後悔する」と思ったら、「積極的に発言するのはいい」とほめつつ、「次は失言しないように、ひと呼吸おいてから発言しよう」と改善しましょう。

人は「悪い」だけでは救われないのです。プラスの言葉で表現すると、単純に「いい・悪い」と判断できるものではないと思えてくるはずです。

「自分ほめ」のコツ13

迷ったときは「そうなりたい自分」を先どりしてほめましょう

×「あの人に連絡しようかな。
でもやめとこうかな……」

⇐

○「あの人に連絡できる私はえらい！」

私たちは一日のなかで何度も「どうしよう」と迷うことがあります。

たとえば「あの人に連絡しようかな」と思ったとき、何かのためらいがあって「ま、今でなくてもいいか」と後ろを向くと、「あの人も忙しいかもしれないし」「用事があるわけでもないし」と、たちまちやめるための言い訳が集まってきます。

迷ったときに、前を向くサポートをやってくれるのが「自分ほめ」の先どり。「連絡できる私はえらい！」と先にほめてしまうと、不思議と力がわいてきて、スルッとできてしまうのです。「そんな私はえらい！」と思った瞬間、無意識にそんな気持ちのいい〝快感〟を得ようとするからです。

どうしようかと迷ったとき、「眠くてもちゃんと起きた私はさすが！」「意見を言える私はすごい！」「嫌味をスルーできる私は素晴らしい！」「ゴミを拾えた私は素敵」「人に手を貸せる私はいいな」と先どりしてほめましょう。

できたときは「よくやった！」と大いにほめ、万が一、できなかったとしても、「やろうとしたこと」をほめておくと、次はスルッとできることがあるものです。

「なりたい自分になれる」「なろうとする」ということは、何と素晴らしいことでしょう。「自分ほめ」の先どりで、勇気と自信をつけていきましょう。

第三章

一日を明るく元気にする「自分ほめ」

どんな行動も、ほめる対象になります

第三章では「自分ほめ」が習慣化するように、一日の流れのなかで使える例をお伝えしていきましょう。

「ほめられるようなことはしていない」などと、むずかしく考える必要はありません。どんな行動も、ほめる対象になります。たとえば……

・「あたりまえにやっていること」を、ほめる

・「いいな」「できた」と思うことは、大いにほめる

・「失敗した」「間違った」「よくなかった」と思うことは、それに気づいたこと、挑戦したこと、この程度で済んだこと、学んだことなどをほめる

……というように、何だってほめられるのです。

どんな状況でも、「どうせ自分は……」「私はダメだなぁ」「最悪。ついてない」など、自分を下げる言葉は使わないようにしましょう。

つい、いつものクセで、頭のなかでそうつぶやいてしまったら、「……と思ったけど、そうでないかも」と修正しましょう。


これからお伝えする「自分ほめ」の例をヒントに、あなたなりにアレンジして、あなたがほめたいときに、ほめたいように、自分をどんどんほめてください。

幸いなことに「自分ほめ」は自分しか聞いていないのですから、おおげさなくらいにほめちぎってもかまいません。応援や労《ねぎら》いの言葉を加えてもいいでしょう。

ほめ言葉は、どれだけあっても、どんな言葉でも、うれしいもの。「いつもこうでありたい」と思う行動は、くり返しほめることで、自分のなかに定着していきます。

一日のなかで、ことあるごとに自分をほめていると、気持ちが落ち着いてきたり、明るく元気になったり、積極的な行動になったり……とさまざまな変化があるはずです。そんな素晴らしい変化をぜひ楽しんでください。

自分ほめ習慣1　起きたことをほめる

「ちゃんと7時に起きた。私はえらい！」

特別なことをしたからほめるのではなく、毎日やっているあたりまえのことをほめることが大切。

あたりまえのことを、あたりまえにやることは、ほんとうに素晴らしいことなのです。それをほめてあげると、心がじんわり温まって、「私ってよくやっているなぁ」と思えてきます。

疲れて体が重いときには「**疲れているのに、ちゃんと起きる私はえらい**」、寝坊してしまったときは「**遅くなっても、急いで支度をして行こうとする私はえらいぞ。がんばれ、私！**」などほめると、つらさや焦りが和らぎ、まるでコメディドラマのようにも感じられてくるはずです。

自分ほめ習慣2　おいしく食べたことをほめる

「ご飯がおいしいって、最高じゃない？ありがとう、私」

食べられること、眠れること、動けることは、健康のバロメーター。とくに食事は、もっとも幸せを感じる要素のひとつでしょう。

普段、何げなく食べている普通の朝ご飯をおいしく感じられたら、そこそこ元気な証拠。病気や強いストレスがあれば、食欲もなく、おいしいと思えませんから。

たとえ簡単な食事でも、「おいしい」と思って食べるのと、ただ何となく食べるのでは、幸福度が違います。食べるたびに幸せになれたら最高ではありませんか。

食べられる自分に感謝。「**ありがとう。いただきます**」と、与えてくれた命や、それに関わってくれた人にも感謝できたら、心にも体にも栄養がいきわたります。

考えごとがあっても、時間の余裕がなくても、食事をするときは食べることを楽しみましょう。

自分ほめ習慣3　感受性をほめる

「季節、自然を感じられる私は、感受性が豊か」

家から外に出て、空を見上げると「いい天気だなぁ」「今日は空が高く感じられる」「雨が降りそう」など、何かしら気づくことがあるはずです。駅までの道を歩いていると、街路樹の葉色が変わっていたり、小さな花が咲いていたりするかもしれません。

そんな季節や自然に心をとめる〝感受性〟をほめましょう。自然はいつも私たちの身近にあるのに、自分から感じようとしなければ感じられないもの。無機質なビルのなかでパソコンに向かっていると、〝生物〟として不自然な状況になり、五感も錆《さ》びついてしまうでしょう。

「自然を豊かだと感じられるのは心が豊かだから」「花をきれいだと感じるのは心がきれいだから」。いいえ、完全にきれいな心でなくても、そう感じたときの心は美しいではありませんか。

自分ほめ習慣4　親切をほめる

「バスで席を譲った。私っていい人！」

　私たち人間は「いい人になりたい」という本能があります。

「私はやってあげてばかりで、いつも損をしている」という人も、本当は「いい人になりたいから」という気持ちがあるはず。何の見返りがなくても、「だれかを少し幸せにできた！」という〝快感〟だけでお返しをもらっているようなもの。自分を好きになったり、誇らしく思えたりするはずです。

　それほど「いい人になれる」という快感は大きく、〝自尊感情〟を高めてくれるのです。

　だから、親切や手助けができたら、大いに自分をほめましょう。**「勇気があるね」「やさしい」「頼もしい！」**など、持ち上げてもいいでしょう。「人を喜ばせることは、自分の喜びになる」という〝快感〟をしっかり味わってください。

自分ほめ習慣5　あいさつをほめる

「笑顔でにっこりあいさつ。私はなんてさわやかなの！」

どんな相手にも、自分から笑顔で「おはようございます！」と元気に言って去っていくあなたは、だれかの目に**「さわやかな人」「カッコいい人」「気持ちのいい人」**と映っているはずです。でも、なかなか口に出しほめてくれる人はいないので、自画自賛してしまいましょう。

私たちは、どんな自分にもなれるのです。「こういう私はいいな～」とくり返しほめていると、最初はいくらか抵抗があっても、だんだんなじんでいきます。

あいさつは、印象を左右するカギ、人との関係を左右するカギなので、しっかりほめてあげましょう。

自分ほめ習慣6　時間を守ったことをほめる

「始業時間に余裕で間に合った。いい流れだね。その調子！」

仕事の始業時間、待ち合わせの時間、〆切などギリギリ間に合ったら「**よかった！　あきらめずに何とか間に合った私はえらい！**」とほめ、余裕で間に合ったら、もっとほめましょう。気分もよくて、いい流れが生まれそうです。

時間の余裕は、心の余裕。心地いい緊張感をもって、次に進めます。「**いいぞ。その調子！**」と声援を送りましょう。

時間の余裕をもつには、「5分前に着く」「〆切1日前に仕上げる」など〝マイ〆切〟をつくるのがおすすめ。時間に余裕がないのはそれだけでストレスになるので、普段はできるだけ余裕の行動をしたいもの。ただ、ギリギリになってものすごい力を発揮することもあるので、それはそれでほめてあげましょう。

自分ほめ習慣7　夢中になっていることをほめる

「○○に夢中になっている私はかっこいい」

自分が仕事や作業をしている姿は自分には見えないもの。ですがスポーツでも勉強でも趣味でも夢中になっているときの姿が人はいちばんかっこよく見えるのです。

それに、嫌々《いやいや》やるのと、夢中になってやるのでは、成果や成長、幸福の度合いがまるで違う。〝夢中〟は、いちばん力が発揮されているとき。夢中を味方につけた人は最強で、何をするにも根拠のない自信になっていくのです。

うまくいっている人は、自分から楽しく、夢中になるための工夫をしています。目的や目標、やりがいをもつこと、やっていること自体を楽しむことなど〝夢中〟は自分でつくり出せる〝才能〟なのです。目の前のことを夢中でとり組んでいる自分に乾杯。

どんどん夢中になって、楽しんで、自信をつけていきましょう。

自分ほめ習慣8　何かを終わらせたことをほめる

「よし。ひとつ終わった！バッチリ！」

仕事に集中したり、効率を高めたりするひとつの方法は、作業を細分化して、一つひとつ終わらせること。遥か彼方にゴールを置くのではなく、目に見えるほどの近いところにゴールを置いて、それを達成したら、また近いゴール……と続けていくのです。

「よっしゃ。一丁上がり〜♪」と達成感があり、励みになります。漠然としたゴールだから、ダラダラしてしまうのです。

長期戦の仕事は「まずは、この部分だけ終わらせよう」「30分だけ集中しよう」など、分量や時間を区切るといいでしょう。

「バッチリ！」「やれるね」「集中力あるね」などとほめつつ、**「がんばれ！　私」「いける、いける」「これだけできれば、あとは楽勝」「ひとつずつ終われば、かならず最後まで終わる！」**など、励ましながら進んでいきましょう。

自分ほめ習慣9　面倒なことにとり組んだことをほめる

「面倒なこと、気が向かないことも丁寧にやろうとする私。感心、感心」

「これは面倒くさいなぁ」「気が向かないなぁ」と思うけれど、やらなければいけないことは、だれしもあるものです。そこから逃げずに手をつけようとした自分に、まずはパチパチと拍手を送りましょう。

さらに、ちゃちゃっと適当にやるのではなく、丁寧にやろうとしたら**「ブラボー！」「感心、感心！」「なんて健気《けなげ》なの」**とハグしてあげたい気分。〝適当〟にするのは腰が引けた状態ですが、〝丁寧〟だと、心がしっかり前を向きます。行動に気持ちがついてくるのです。

逃げない姿勢をほめていると、「私はどんなことも乗り越えていける」という自分への信頼になっていくはずです。

自分ほめ習慣10　間違いに気づいたことをほめる

「間違いに気づいた私はまたひとつ賢くなった！」

多くの人は、自分が間違ったこと、失敗したことを認めたくなくて、何かと言い訳をしたり、人の話を聞き入れられなかったりするもの。もしくは、「ダメじゃないの！」と自分を責める人もいるかもしれません。

しかし、それは視野が狭く、頑《かたく》なな証拠。自分の〝思い込み〟から脱することはできません。

「ここで間違ってよかった」「この程度で済んでよかった」と間違いを受け入れる人は、成長していける人です。

〝思い込み〟から目覚めたことを「ひとつ賢くなった！」と喜びましょう。間違うたびに「またひとつ賢くなった！」とほめていると、挑戦を恐れなくなったり、謙虚で柔軟な姿勢が身についたりするのです。

自分ほめ習慣11　アイデアをほめる

「このアイデア、天才じゃない？」

「アイデアが浮かんでくるのは、人が幸せになりたいから」と聞いたことがあります。大きな企画のアイデアなどでなくても、アイデアは身近にあるものです。

「そうだ！　あの手を使えば仕事がラクになる」「こんなことをしたら、きっと楽しい」「あれをプレゼントしたら、喜んでもらえるはず」「素敵なレシピを思いついた！」……というように、ふとしたとき、アイデアはひらめきます。

幸せの種を見つけたことをほめて。小さなアイデアでも**「名案だわー」「斬新な発想」「いいところに目をつけたなー」「さえてるー」「私しか思いつかないんじゃないの」**とほめ称えましょう。アイデアと、それを生み出した自分をほめるほど、アイデアの神様に愛されるはずです。

自分ほめ習慣12　考え方をほめる

「その考え方、すごく前向き！頼もしいわ〜」

「こんな考え方はいいな」というとき、合理的な考え方、シンプルな考え方、多角的な考え方など、いろいろありますが、いちばん称賛したくなるのは、「前向きな考え方」でしょう。

残念なことがあっても「あら、かえってよかったじゃないの」、失敗しても「今気づいてよかった」、散々な目にあっても「この程度で済んだからよかった」と、すべて「いい」にしてしまえるプラス思考の人は、もともと楽観的なのではなく、「そうありたい」という意思の賜物です。**「その考え方はあっぱれ」「明るいほうを見ようとする私は素敵」「しなやかで、たくましいではないの」**とほめながら、前に進んでいきましょう。だんだん明るく、聡明な思考が定着してきますから。

自分ほめ習慣13　仕事の出来をほめる

「いい仕事したね。自分でも惚《ほ》れ惚《ぼ》れ」

仕事というのは多くの場合、「100%できて、あたりまえ。できなかったらダメ出し」。目に見える結果がないと、なかなか評価できないものです。

でも、それではつまらない。自分の仕事ぶりに「今日はいい仕事ができた」と思うことはあるはずです。そんなとき、**「早く正確にできた！　才能あるよ」「丁寧でいい仕事してるね。さすがプロ！」「お客さまに喜んでもらえたね。おみごと！」**などと、ほめましょう。

自分が満足できない出来であれば、「一生懸命やったこと」「努力したこと」「気づいたこと」などをほめればいいのです。

だれもほめてくれなくても、自分で自分をほめることは忘れないで！

自分ほめ習慣14　気が利いた行動をほめる

「気が利いてるね。よっ、デキる女！」

「仕事ができる」というほめ言葉以上にうれしいのは、「気が利く」かもしれません。

気が利く人は、「ついでにやっておきました」「準備してあります」「これ、必要ですよね？」「～しましょうか？」と相手やまわりの求めること、必要なことを察してさりげなく動ける人。観察力、想像力、行動力の三拍子そろった、やさしく、賢い人です。気が利く人は、何かとまわりの手助けをしているので、同性からも異性からもモテるはずです。

「機転が利いたね」「**細かいところに、よく気づいたね～**」「**気配り上手！**」「**言われる前に動けるのは、さすが！**」「**段取りがバッチリ**」など、自分の気が利く行動に気づきましょう。

ほめているうちに、さらに察知して動く力に磨きがかかるはずです。

自分ほめ習慣15　約束を守れたことをほめる

「小さな約束も ちゃんと守れた。 それが信用になる！」

約束を守ることは当然のようですが、ウッカリ忘れていたり、意外にたいへんだったり、すべて遂行するのは容易ではありません。

だから、約束を守れた自分を**「よくやった！」「信用に値する！」「人を大切にしているね」**とほめましょう。小さな約束ほど守ることが大切。一つひとつ守っていると「小さな約束もちゃんと守ってくれる人だ」と信頼されますが、逆に、守らないと「簡単にできることなのに……」と失望されます。連絡する。資料を送る。時間を守る……など丁寧に実行していきましょう。守れない約束はしないのも、約束を守るヒケツです。

万が一、守れなかったら、よくないことは認めて、謝罪をしたこと、学んだこと、あらためたことなど、あとの行動をほめられるようにしましょう。

自分ほめ習慣16　目立たなくても、やっていることをほめる

「たとえ目立たなくても、縁の下の力持ちになれる私は素晴らしい」

社会では「目立つこと」が称賛されるものですが、それが目的になると「人からほめてもらえないと、モチベーションが上がらない」「自分のやったことをアピールしたがる」という残念な人になってしまいます。

「人が見ていなくてもやる」という行為自体が素晴らしいのです。いえ、人が見ていないからこそ、その行為は尊いもの。そんな〝縁の下の力持ち〟になれることをほめましょう。すると、秘かに役立てる喜びを感じたり、人が嫌がることも率先してできたりして、〝自尊心〟になっていきます。それこそが、ほんとうの報酬。それに見ている人は見ているもの。何ごとも誠実にとり組んでいる姿勢はほんとうの信頼になります。

「影の立役者！」「よっ、名脇役！」「アンサングヒーロー（影の英雄）だね」と大いにほめましょう。

自分ほめ習慣17　勝手に目標をつくって達成や上達をほめる

「30分で○○ができた。やるじゃないの！」

日ごろ、なかなか達成感を感じられない人におすすめなのは、勝手に目標をつくってしまうこと。大きな目標ではなく、「30分でこの作業をやろう」「1時間で夕食を3品つくろう」「2時間で用事を済ませて帰ってこよう」など目の前の小さな目標にゲーム感覚で挑戦するのです。

それを達成したら、自分にハイタッチする気分で「**やったね！その調子！**」とほめましょう。

また、仕事や趣味、勉強など、ただ何となくやっていては成長や上達が感じられないもの。「いつかこうなったら最高」という大きな野望と、「とりあえず、ここまで行きたい」という小さな目標をもちましょう。達成できたら「**ここまでできたんだから、次もイケる！**」と声援を送って。

自分ほめ習慣18　選択をほめる

「いいものを選んだ。求めるものをみつけるアンテナが冴えてる！」

　私たちは、よくない選択をしてしまったときは「あーあ。判断を誤った」などとクヨクヨしても、いい選択をしたことには、あまり気にとめないものです。しかし、じつは私たちの日常には、自分にとっての「いい選択」があふれていて、それで幸せになっている、ということもあります。

　ちょっと迷ったけど「いい買いものをした」「いい映画を観た」「いいメニューを選んだ」「いい住まいを選んだ」「いいパートナーを選んだ」というとき、選択のあとには〝喜び〟があります。**「いい選択だったね。お目が高い」「自分らしい選択ができている」**と、自分をほめたたえましょう。

　ほめていると「自分はどんなものに喜びを感じるのか？」という〝自分らしさ〟が見えてきて、選択に自信がもてるようになります。

自分ほめ習慣19　やらなかったことをほめる

「○○をやらなかった私はえらい！賢明な判断だね」

何かを「やること」だけが、ほめられることではありません。「やらないこと」も、ほめられることです。たとえば、テレビやスマホをダラダラと見ること、まわりに合わせてムリをすること、無駄遣いをすることなど、やらないほうが幸せになれることも多いもの。

とくに現代社会は「やらなければ」と思うことが押し寄せてきます。が、たくさんのことをムリしてやるより、やらないことを決めて、「自分の大切なこと」にフォーカスするほうが、精度が高まり、やれることも増えます。

多くのことはやらなくてもたいしたことにはなりません。自分を嫌いになる行為もやらないほうがいいでしょう。**「やらないことを選択できた私は素晴らしい」「自分軸をもっている」**とほめていると、自分の大切なことを、大切にできるようになります。

自分ほめ習慣20　タイミングをほめる

「ちょうどよかった。私ってツイてる!」

生活のなかで「ナイスタイミング!」ということはあるもの。ずっと青信号で進めたとき、電車で目の前の席が空いたとき、欲しいものが値引きされていたとき、話したかった人から連絡があったときなど、**「ちょうどよかった!　絶好のチャンス」「ありがとう。私って運がいい!」**と心でガッツポーズをして喜びましょう。

「ちょうどよかった」は、少々残念なときにも使えます。赤信号で止まってしまったとき、「ちょうどよかった。メールチェックできる」、電車の席が空かないときは「ちょうどよかった。腹筋を鍛えられる」と、都合のいい理由がみつかり、心が穏やかになります。

今、ここで起きていることは、ポジティブでもネガティブでもなく、「ちょうどいいこと」。「**自分は幸運な人間だ」「私は恵まれている」**と実感できるのです。

自分ほめ習慣21　いつもと違う行動、新しい挑戦をほめる

「新しいことをする私は、どんどん進化している！」

「毎日、同じパターンのくり返しでマンネリ……」という人は、ほかのことをするのが億劫《おっくう》になって、凝り固まっているかもしれません。

普段しないこと、新しいことをあえてしてみましょう。新鮮な刺激で、思考がアップデートされます。体の細胞も活性化されるはずです。

いつもと違う道を通って帰る。社内の普段あまり話さない人と話してみる。初めての料理をつくってみる。これまでは着たことのないスタイルの服を試着する。行ったことのない場所に行ってみるなど、小さなことでいいのです。

新しい経験を「**私はアップデートしている**」「**初体験、おめでとう。脳細胞が活性化しているよ**」と歓迎しましょう。自分の世界が広がることが実感できると、どんどん新しいことをしたくなりますから。

自分ほめ習慣22　最後までやり遂げたことをほめる

「よく投げ出さなかったね。やり遂げた私は底力がある！」

ある大学の研究では、「〝能力〟がある人より、最後まで〝やり遂げる力〟がある人のほうが、成功しやすい」という結果があるとか。どんなに能力があっても、誘惑に負けたり、途中であきらめたりする人は、うまくいかないのです。

やり遂げる力のある人は、頭のなかで「私はできる」「やればできる」というほめ言葉をくり返しています。そして、やり遂げた〝成功体験〟を「よくやった！」と糧にしています。やり遂げる力は、生き抜く力なのです。

何かをやり遂げたときは、自分をほめる絶好の機会。**「逃げなかった私はえらい！」「くじけそうになりながらも、あきらめなかったね。何とかなるもんだ」**と、ほめまくりましょう。自分を信じる力は、自分の期待に応えることで生まれてくるのです。

自分ほめ習慣23　一日がんばったことをほめる

「今日も一日よくがんばった！おつかれさま。ありがとう」

一日の終わりに布団に入るときは、イライラ、モヤモヤした気持ちは追い払って、心穏やかでありたいもの。そのおまじないのような言葉が「**今日も一日、ありがとう**」「**よくがんばった**」「**おつかれさま**」と自分への感謝とほめ、労《ねぎら》いです。特別なことがなくても、一日を始めて終わらせるだけでも立派なもの。私たちは、何もしていないようでも、いつも懸命に生きているのです。

疲れていたら「**疲れるまで、よくがんばったよ**」、残念なことがあったら「**気持ちが下がったけど、淡々と乗り切ったね**」と自分を認めて。自分をほめながら眠りにつく習慣は、一日一日をかけがえのないものにして、傷ついた心やネガティブな思考を修復してくれます。

どんな一日でも終わりは「**ありがとう**」の言葉で締めましょう。

第四章

自分の魅力を最大限に生かす「自分ほめ」

自分がどれだけ素晴らしいかに気づきましょう

多くの人が、自分にどんな魅力があるかわからず、自分を低く評価してしまっているのではないでしょうか。目に見える欠点ばかりに目が向き、それをカバーするために、外見やスキルを磨くこと、何かを手に入れることなどに必死になって、内面の輝きをなくしているかもしれません。

しかし、自分の魅力は〝身につけること〟ではなく、〝気づくこと〟です。魅力はすでに自分のなかにあって、それに目を向けることで、生かしたり、磨いたりできるようになります。

第四章では、自分の魅力に気づき、さらに輝かせていくための「ほめ言葉」をお伝えします。

自分の隠れた魅力に目を向けて、「このポイントはほめてもいいな」というほめ言葉は、くり返し使ってください。

あなたの魅力はより強化されますから。

ところで、他人からのほめ言葉でうれしく感じるのは、次のようなものがあります。

①持っているものをほめられる
②見た目をほめられる
③行動、経験をほめられる
④内面や習慣をほめられる
⑤価値観や生き方をほめられる

①→⑤と数字が大きくなるほど、その人の本質に近づき、より理解されていると感じます。「自分ほめ」でも、この順番を意識してみてください。

自分の魅力を認識している人は、自然体で生き生きとしていて、自信があるように見えます。自分のよさを、自分や人のために生かそうとします。

「自分ほめ」で、自分がどれだけ素晴らしいかに気づいてください。

自分ほめ習慣24　自分のルーツをほめる

「自然が豊かで、人情味のある故郷が好き」

他人から自分の生まれ育った場所を「いいところですよね」とほめられるとうれしくなるのは、それが私たちの一部だから。

山、海、野山、花、星などの自然、食べもの、街並み、お祭りなどの文化、歴史、住んでいる人のあたたかさ、純朴さ、人情など、目を閉じるとそんな故郷の風景が浮かんでくるかもしれません。

いいところも、そうでないところも見えるのが故郷ですが、せっかくなら、好きでありたいもの。**「海（山）の風景が最高に美しい」「人情味がある」「素晴らしい歴史がある」「食べものが絶品」**などと、ほめましょう。

また、両親や祖父母、祖先などのよさを認めることも、自分のルーツに誇りをもつことになるのです。

自分ほめ習慣25　名前をほめる

「○○という名前で得している」

「著者名で得をしていますね」と名前をほめられたことがあります。それまで「どこにでもある名前だ」「覚えやすいペンネームをつければよかった」と考えたこともありましたが、自分の名前が一気に好きになりました。

あらためて自分の名前にどんな利点があるか、考えてみませんか。**「○○なイメージ」「呼びやすい」「書きやすい」「漢字に〜という意味がある」「音の響きがいい」「バランスがとれている」「画数がいい」「命名した人の願いがある」**など、何かしら自分にいい影響を与えてくれています。

どこにいても自分の名前に反応するのは、いちばん重要で、いちばん影響を受ける言葉だから。名前は〝ブランド〟であり、「この名前が好き」と思えば、もっともっと自分が好きになるはずです。

「なかなか素敵な顔じゃないの。笑顔はもっと素敵！」

かつて、年齢を重ねるほど顔も表情も美しくなっている女性に「どうしてそんなにきれいなんですか？」と聞いたら、「鏡を見て自分をほめるの。夫はほめてくれないから（笑）」と返ってきたことがありました。

自分の顔をほめると、だれでももっと素敵な顔になります。最初は抵抗があっても、照れくさくても、鏡を見る回数を増やして**「なかなかかわいいじゃないの」「私はこの顔がけっこう好き」**と自分を〝洗脳〟しましょう。**「骨格がいい」「鼻がチャーミング」「髪にツヤがある」「耳の形が好き」**などパーツほめもいいでしょう。コンプレックスがあっても、ともかく「きれい」「かわいい」とほめるのです。

二十歳を過ぎた女性の顔は、〝自信〟でつくるもの。最初から最後までつき合うのですから、とことん愛そうではありませんか。

自分ほめ習慣27　体、機能をほめる

「私の体、ありがとう！生きようとする力はお見事です」

体は〝神秘〟であり〝奇跡〟。酸素や水、食べ物を吸収して、さまざまな機能によって、活動するエネルギーが生まれる……ってすごいことではありませんか！

「私は太っている」「生活習慣病だ」「肌が弱い」「体力がない」などいろいろあっても、それを補ってくれるものもあります。いえ、ほんとうは「いい・悪い」はなく、今が完全な状態で、バランスを保っているともいえます。

気持ちが後ろ向きでも、体はいつも前向き。お風呂などでマッサージでもしながら、**「今日もよく働いてくれたね」「調子が悪くても、がんばった」「心臓も肺も胃もこれまで一度も止まらなかったなんて、すごい」**と、体に敬意を払い、労いましょう。**「私の体は素晴らしい」**と思えば、かけがえのないものとして大切にするはずです。

「やさしく、凛《りん》とした雰囲気が魅力的！」

他人を見るように「自分はどんな雰囲気があるのか？」と考えてみるといいでしょう。**「あたたかい雰囲気」「さわやか」「明るい」「かっこいい」「おっとり」「若々しい」「色気がある」「気品がある」「賢そう」「きっちりしている」「頼りがいがある」「健康的」「個性的」**など、さまざまな雰囲気があります。わからなければ、まわりの人に聞いてみるといいでしょう。

人のもつ雰囲気は、顔や背格好、表情、服装、声のトーン、言葉遣い、立ち振る舞いなど総合的に判断される〝イメージ〟。その人自身が無意識に「そうありたい」「こんなものだ」と思っている自己イメージの反映でもあります。鏡を見たとき、服を着替えたとき、人と接するときなど**「きちんとした雰囲気だね」「明るくさわやかな雰囲気」**とほめて、なりたい自己イメージを磨いていきましょう。

自分ほめ習慣29　性格をほめる

「おおらかに笑って済ませる性格って素敵」

性格に「いい・悪い」はありません。「思い悩む性格→感受性がゆたかで、やさしい」「頑固な性格→意志が強く、こだわりがある」など、裏から見ると、いい影響を与えていることもあります。

性格はなかなか変えられるものではないので、否定せず、ほめて生かしたり、ラクになるようにつき合ったりしたいものです。

「こんな性格になりたい」と性格を強化するための「自分ほめ」もおすすめです。

「初対面でも仲良くなれる性格っていいね」「何でも楽しめる性格は素敵」「包容力があって、あたたかい人柄」など、その片鱗はどこかにあるもの。ほめることで自信がもてるようになります。

いい意味で「私はこういう性格だから」と受け入れたら、自分とのつき合いもラクになるはずです。

「私の仕事で喜んでくれる人もいる。誠実にとり組むことが誇り」

　自分の仕事を誇りに思えたら、幸せなことですが「だれでもできる仕事」「自分は能力がない」「自慢できる仕事ではない」などと、誇りをもてない人も少なくありません。

　でも、だれでもできるような仕事、単純な仕事でも、誠実にとり組んで、自分なりに究めようとする人もいます。誇りのある仕事がもともとあるのではなく、仕事に向き合う姿勢から、誇りは生まれてくるのです。

　また、仕事のやり甲斐や意義も**「接客の仕事は、自分を成長させてくれる」「総務の仕事は全体像が見える」「喜んでくれる人がひとりでもいれば、精いっぱい働く」**など、自分でみつけるものです。

　どんな仕事であっても、かならずだれかの役に立っています。たとえ社会の小さな歯車でも、誇り高い歯車でありたいものです。

自分ほめ習慣31　得意なことをほめる

「私は人の話を聞くのがうまい。人が楽しそうに話してくれる」

「何もとり柄がない」という人でも何かしら得意なことはあるもの。これまで一度、または複数回、人からほめられたことを思い出してみてください。

字をきれいに書くこと、おいしいお茶をいれること、人の名前を覚えること。落書きのイラスト、電話応対、整理整頓、メイク、車の運転、おしゃれ、早起き、早口言葉、モノマネ、メモ、節約……あれこれ掘り起こせるものです。そんな〝財産〟は、自分とまわりの人を少しだけ幸せにできます。

大きな自信でなくても「**タコ焼きが得意。ホームパーティに活用できて、人に喜んでもらえる**」「**段どり上手なので、旅行のときなど頼られる**」「**服のコーディネートが得意なので少ない服でも着まわせる**」など、いい影響があることを含めてほめましょう。得意技にも磨きがかかってくるはずです。

自分ほめ習慣32　知識と好奇心をほめる

「○○についてよく知っているね。その探究心は素晴らしい！」

その人が自発的に詳しくなったことは、好奇心をもっていること。これまで、自分のなかにどんな情報を蓄えてきたか、あらためて考えてみるといいでしょう。「レストラン情報に詳しい」「歴史に詳しい」「ファッションに詳しい」「アイドルに詳しい」など、それがどんなことであろうと「知ろうとすること」はすばらしいことです（他人の不幸話などは別）。

好奇心は生きるエネルギーであり、人生を豊かにしてくれるもの。好奇心旺盛な人は身近なことからも「何これ。おもしろい。調べてみよう」と知ることを楽しみ、好奇心が乏しい人は目の前におもしろいものがあっても気づきません。**「その好奇心は素晴らしい！」「知ろうとするエネルギーがすごいね」「知識がますます深まっている」**と興味のあることをどんどん追求しましょう。

自分ほめ習慣33　人と違う経験、性質や行動をほめる

「人とちょっと違う。自分にしかないものを大切にしよう」

人と違っていることは、「私っておかしいのかな？」「社会的不適合者？」と〝劣等感〟になりがちですが、それは自分の〝武器〟としても使えます。

私も「自分ほど転職した人間はいない」と引け目を感じたこともありました。しかし「私だからこそ、働く人の本が書ける」とひらめいて、今に至ります。

「いじめられた」「離婚した」「引きこもった」といった経験や「独特の趣味嗜好《しこう》がある」「個性的なファッション」などの性質、人と違った行動などがある人は「**私らしいね**」「**自分ならではの視点をもっているね**」とほめましょう。

よく考えると「普通の人」なんていません。だれもが異質なものをもっているから刺激を与え合ったり、役割ができたりするのです。「**人と違っているから、できることがある**」と歓迎しましょう。

自分ほめ習慣34　〝センス〟をほめる

「この色の組み合わせは、ばっちり。私ってセンスいい！」

人から「素敵な服ですね」とほめられるより、「センスがいいですね」とほめられたほうがうれしいものです。

センスのいい人は、自分の好みや合うものを知っていて、こだわったり、余計なものを省いたりして、自分なりの世界をつくっています。外見だけでなく、行く場所、食べるもの、つき合う人、話し方、考え方などすべてにおいてスマートなのです。

反対に、いわゆる「ダサい」という人は客観性が乏しく、人真似や思い込みで選択するので、考え方までダサい可能性があります。

他人を見るように自分を見て「なんとなくいい」と思ったらすぐに**「センス抜群」「目のつけどころが違う」「審美眼がある！」**とほめて、感性を磨いていきましょう。

自分ほめ習慣35　年齢を重ねたことをほめる

「私は10年前よりも魅力的になっている。○○歳になったとき、どんな自分になっているか楽しみ！」

あなたは、年をとると、若さやチャンスなど、多くのものを失うと思っていませんか？

もちろん、失うこともありますが、経験や学びを積み重ねることで、それ以上の喜びを得ているのも事実。女性として、人として魅力的で自信にあふれた人になって、ほんとうの幸福感を手に入れることも容易になるはずです。

「私は何も進歩していない」「年をとってもいいことがない」と思う人は、自分が得てきたものに気づけていないのかもしれません。

「年を重ねてわかることもある。結局のところ、経験がものを言う」「いろいろ経験して、おそれなくなった」「続けてきたから、信頼を得られている」「今だからこそ、挑戦に意味がある」など、得たものを意識してみてください。成長を続けた女性の〝成熟〟には大きなパワーと美しさがあるのです。

自分ほめ習慣36　過去の功績や経験をほめる

「あのときはがんばった。つくづくよくやったと思う」

10代のころ必死で試験勉強して試験に合格したこと、部活動に明け暮れたこと、**「あのときはよくがんばったなぁ」**と誇りに思うことが、ひとつはあるのではないでしょうか。大人になっても、表彰された、資格試験に合格した、人のできない経験をしたなど、誇りになる経験があるはずです。

「昔はよかった」と過去の栄光を引きずるのはいただけませんが「自分はよくやった」という誇りは、今を生きる支えになります。新しい挑戦をするときも**「あれだけのことができたから、これもできるはず」**と希望がもてます。

過去の記憶は、自分をほめる宝庫。目に見える功績だけでなく、**「夢を叶えるために無我夢中だったね」「あきらめたくなくて真剣にとり組んだ」**など、心情にフォーカスしてほめると、さらに喜びを実感できるはずです。

自分ほめ習慣37　〝どん底〟の経験をほめる

「あのどん底を通り抜けたから少々のことは大丈夫」

病気になったこと、仕事もお金もなくなったこと、精神的に病んだこと、借金を抱えたこと……〝どん底〟といえるような経験は、時間をおけば、その意味が見えてきます。

「おかげで、少々のことに動じなくなった」「ひとまわり成長できた」「あのときに比べたら、今はほんとうに幸せ」「変なプライドがなくなった」「人のありがたみがわかった」など、かならず力になっていることもあります。

私は無一文になったときは**「私なら貧乏でも楽しく生きていける」**、病で動けなくなったときは**「私ならできることをみつけて生きていける」**と自分に言い聞かせ、それが自信になりました。「転んでもただでは起きない」といいますが、藁《わら》でも何でもつかまなければ起き上がれないというのも事実だと思うのです。

自分ほめ習慣38　価値観をほめる

「私はこれまで、自分の価値観に従って生きてきた。これからも、自分の心を信じて進んでいこう」

「どんなことに価値を見出すのか」という〝価値観〟は、つくるものではなく、〝発見〟するもの。

これまでも、私たちは自分なりの価値観のなかで、さまざまな選択をしてきました。「どうして、今の仕事を選んだのか」「なぜ、ここに住んでいるのか」「充実した時間は？」「何にお金を使えば幸せ？」……そんな問いをして自分なりの価値観を確認してみるといいでしょう。

大切にしたい価値観がわかっていれば、生きるのに自信がもてます。反対に、わからなければ、人生の迷子になってしまいます。

「だれに何と言われても、私は自分の心に従う」「人の評価ではなく、自分が納得する生き方をする」「自分に嘘をつかない」と、自分の行きたい方向に進むことができたら、どんな道でも素晴らしい旅になると思うのです。

自分ほめ習慣39　これまでの人生をほめる

「バカなこともしたけど、あれはあれでよかった。これまで何とか生きてこられてよかった」

「ほめられるような生き方をしてこなかった」「何にもなれていない」という人も、少しくらいは、自分のことをほめてあげてもいいのではありませんか?

愚かなことをやっていても、そこには、愚かになるほどの〝喜び〟があったということ。そのときは夢中で生きていたはずです。

過去を否定することは、今の自分を否定することになります。「あれはあれでよかった」「あれはしょうがなかった」と受け入れるから、前に進めるのです。

「大変なことがあったけど、生きてきた」「投げ出さなかったことは、ほめてあげたい」「生きてきただけでもたいしたもんだ」など自分だけは認めてあげてください。どんな経験をしたかより、どう受けとめたかが、今の自分、未来の自分になっていくのです。

第五章

イライラ、モヤモヤを癒やす「自分ほめ」

感情にフォーカスしてほめると、自分を理解できます

私たちの悩みの原因は、自分の外側にあるのではなく、それを受けとめる自分の内側の〝感情〟によって起きているものです。

ネガティブな感情は〝理想〟と〝現実〟のギャップがあり、現実を受け入れられないときにわいてきます。

たとえば「あの人がわかってくれない」「仕事がうまくいかない」「将来のお金が足りない」などといった悩みがあるとき、思い通りでない他者や自分を責めているはずです。

しかし、それでは、根本的な解決にはなりません。

イライラ、モヤモヤを根本的に癒やし、解決してくれるカギが「自分ほめ」なのです。

【「自分ほめ」で感情とうまくつき合うステップ】は……

①「まぁ、そう感じるよね」と自分の感情を客観的に見る
②「よくやっているよ」と〝現実〟の自分を肯定する
③「こうでありたい」という〝ほんとうの理想〟に気づく
④「私なら〜できる」と自分を信頼する

自分をほめることは、ふがいない自分を「それでいいのよ〜」と甘やかすことでも、「そんなに求めてはいけない」と欲を手放すことでもありません。

今の自分を「これが私」と肯定しつつ、「なりたい自分がある。いつかそうなれると信じている」ということです。

〝過去〟に感謝して学び〝未来〟に希望をもち、〝今〟を夢中で生きたら、感情ともうまくつき合っていけるでしょう。

第五章では、自分を理解して、感情との折り合いをつけていく「自分ほめ」をご紹介します。

自分ほめ習慣40　自分の感情に気づけたことをほめる

「今、心がざわついている……と、気づけた私はえらい！」

「今、イライラしている」「焦っている」「怒っている」など自分の感情に気づくことは、簡単そうで、意識しないとなかなかできないことです。負の感情に振りまわされているときは、ただイライラ、クヨクヨ、モヤモヤしているだけで、自分自身を傷つけていることに気づいていません。

「あ。今、心がざわついている」と心の状態を客観視するだけで、勝手な妄想と否定からスルリと抜け出して、落ち着きをとり戻せるのです。まずは、自分の心を確認できたことをほめましょう。**「今のイライラはレベル7」**と数値化するもののいいでしょう。

私たちはどんな感情になってもいいのです。「イライラしてはいけない」ではなく、「イライラしたんだね」と心を見る習慣を身につけるだけで、ラクになるのです。

自分ほめ習慣41　感情があることをほめる

「怒ることは、素晴らしい。泣けることも、素晴らしい」

私たちは「喜怒哀楽」の「喜・楽」はいい感情で、「怒・哀」は悪い感情と思いがちですが、そうではありません。

怒りも哀しみも自分を守り、生きていくために大切な感情です。

たとえば、自分やまわりの人がひどいことをされたら、怒るでしょう。大切な人を失ったら、悲しむでしょう。大切なものへの愛着があるから、苦しむのです。「どうでもいい」と無関心であれば苦しむこともないでしょう。

怒りや哀しみ、後悔、罪悪感、孤独など心地よくない感情も、心地いい感情と同じくらい大切で、何かを教えてくれています。

まずは**「怒ってもいい。生きているから腹が立つ！」**と肯定しましょう。感情をしっかりと受けとめるから、感情を整理することもできるのです。

自分ほめ習慣42　現実に寄り添えた自分をほめる

「まぁ、あるかもね。しょうがない……と、現実を認める私は賢明！」

心のざわつきは、〝現実〟を受け入れられないことで起きるもの。心のなかで「ありえない！」と思うところを、「あるかもね」と言ってみてください。

それだけで、いくらか気がラクになるのです。たとえば「あの人のあんな言い方はありえない！」と思ったとき、「まぁ、あるかもね」とすんなり現実を受け入れると、「そういう人だから、気にしなくてもいいか」と前に進めます。

日ごろから自分をほめて肯定していれば、現実も肯定しやすくなります。「ありえない」「許せない」と否定したままだから、決着がつかず、引きずるのです。受け入れがたい現実もありますが、受け入れないと進めない。**「しょうがないと切り替えられる私は、器が大きい」「よく受け入れる力は、幸せになる！」「現実を受け入れたね。**」とほめて前進しましょう。

自分ほめ習慣43　ツイていないときは俯瞰《ふかん》してほめる

「こんな日もあると、淡々と進むのがいい」

ツイていないことがあって、クヨクヨしてしまう日はだれでもあるもの。そんなときは視野が狭くなっているので、長い時間の枠組みで俯瞰して見てみましょう。

「いいこともある。よくないこともある」と思えてきませんか？

たとえ「よくないことが続いている」という状況でも、それが永遠に続くことはありません。じつは、ツイていないときほど大切。苦しい時期をどう過ごしたかで、自信や成長になって人生は好転します。

「こんな日もある」「こんなこともある」と淡々と過ごせばいいのです。やってはいけないのは、自分を責めて投げやりになること。**「こんな日もある。自分なりにやっている。そう思えたらいいんじゃない？」「思い通りにいかないことも前提で進もう」**と自分を励ましてください。

「完ぺきではないけど、よくできた点もある。自分なりによくやっている」

自分を責める気持ちは、現実の自分が認められないから。理想に追いつかない自分を否定してしまうのです。

「いいところもダメなところもある」「完ぺきでなくてもいい」と、現実に寄り添うために、何でもいいから自分をほめましょう。

たとえば、仕事がうまくいかなくて落ちこんでいるとき、**「〇〇はバッチリだったよね」「プレッシャーに押しつぶされそうになりながらも、よくやっているよ」「うまくいかなくても投げ出さないでいる」**と、ひとつでも〝いいところ〟を見つけてほめるのです。

すると、〝ダメなところ〟もそれはそれとして受け入れられるようになります。人間は否定だけでは救われない。どんな自分も受け入れるために、ほめることも忘れないでください。

自分ほめ習慣45　「ねば思考」を手放すことをほめる

「しなければいけないことはない。したいからする。私は自由だ！」

イライラやクヨクヨの原因になっているのは、「～しなければいけない」「～であるべき」という〝ねば思考〟かもしれません。

「期待に応えなければいけない」「怒ってはいけない」「不満を言ってはいけない」「きちんとしなければ」「プロとして～でなければ」など、あれこれ抱えていては苦しく、生きづらくなります。まずは**「今、〝ねば思考〟に陥ってる……と気づいた私はえらい」**とほめましょう。

人生で「絶対に～しなくてはいけない」ということはありません。〝ねば思考〟ではなく、**「私がしたいからする…と考える私は、素晴らしい」**と〝したい思考〟に変えたことをほめましょう。

〝ねば思考〟を手放した瞬間、重たい荷物を降ろしたように、心がパーッと解放されていくのを実感するはずです。

自分ほめ習慣46　ハードルを下げてほめる

「これだけできれば、じゅうぶんじゃない？」

「思い通りにいかない」と自信をなくしそうになるとき、無意識につくっている理想や目標のハードルが高すぎるのかもしれません。

　そんなときは、ハードルを下げて、自分をほめてみるといいでしょう。たとえば、「貯金が貯まらないなぁ」というとき、「これだけ貯まればじゅうぶんでしょ」、「同僚と仲良くできない」というとき、「最低限のコミュニケーションがとれればじゅうぶん」というように。

　幸せのハードルも下げられると、幸せになりやすくなります。毎日の生活に不満がいくらかあっても、とりあえず健康で働ければじゅうぶん。**「おいしいものが食べられるだけで幸せ」「自分を見ていてくれる人がひとりいれば、それでよくない？」**など、些細《ささい》な喜びをみつけられると、幸せもあふれてくるはずです。

自分ほめ習慣47　理想を追い求めることをほめる

「志は高く、目標は低く。一歩一歩進んでいる」

目標のハードルは下げたほうが進みやすいものですが、「いつか、これは叶えたい」「いつか、こうなりたい」という〝志〟は高くもっていたいものです。

大きな野望をもつと、いくらかの苦しみを抱えることにもなりますが、「苦しくても進みたい」と思えるのは幸せなこと。叶ったときの幸せだけではなく、いつかそうなると夢見て進む毎日のなかに幸せがあるのです。

映画監督、スティーヴン・スピルバーグのこんな名言があります。「僕は、夜に夢を見るんじゃない。一日中、夢を見ているんだ。生きる糧《かて》として、夢を見ている」**「いくつになっても夢をもつことは素敵なこと」「志をもつと、人は強く大きくなれる」「希望に向かって進む人は英雄！」**とエールを送りましょう。

自分ほめ習慣48　最悪のことを想像してほめる

「この程度で済んでよかった」

　ある友人が火事で家を失ったとき、悲観しているのではと心配していたら、「この程度でラッキー。逃げ遅れていたら命までなくなっていたでしょうね」と言っていたことがありました。

　今よりもっとひどいことを想像すると、不思議なほど心は落ち着くものです。大失敗をしたとき、病気や災難のときなど、ムリにでも**「まぁ、この程度でよかった」「最悪な状態でなくてよかった」**と言ってみてください。現実を受け入れると「今やれることをするしかない」と心が前を向きます。

　つらいときは、もっとつらい過去を思い出して「あのころに比べたら、楽勝じゃない？」と考えるのもいいでしょう。最悪の想像は慰め、希望を与えてくれるのです。

自分ほめ習慣49　怒りをやり過ごしたことをほめる

「怒りをぐっと堪《こら》えられたね。大人の対応！」

人の心はコロコロと変わるもの。たとえば、トゲのある言葉に「ひどい！　あんまりだ！」と瞬間湯沸かし器のようにカーッとなっても、それが10分間続くことはありません。怒りに任せて反撃すると、余計なことを言ってしまったり、さらにこじれたりします。感情に支配されているときは、判断力がなくなるので、むやみに動かないほうが身のためです。

深く深呼吸をするように数字を「1、2、3……」と10まで数えると、少し落ち着いてきます。少し歩いたり、外の空気を吸ったり、お茶を飲んだりしていると、さらに落ち着きます。だれかとおしゃべりをすると、ほぼ落ち着きます。**「気持ちを切り替えられたね。えらい」「感情に振りまわされず、スマートに振る舞えているね」**と大いに自分をほめてあげてください。

自分ほめ習慣50　感情に素直であることをほめる

「素直に感情表現できるっていいいね」

いつもニコニコしている人は、印象がよくて、人間関係の摩擦も少ないもの。しかし、まわりに合わせてつくり笑いをしたり、楽しくなくても楽しいフリをしたりしていたら、ストレスがたまって、心にも体にも負担がかかるでしょう。

笑いたいときは大いに笑う、怒りたいときは怒る、悲しいときは悲しい顔をする……そんなふうに素直に喜怒哀楽を出している人は、自分にもまわりにも正直。わかりやすくて、魅力的に映るはずです。素直な人は、無神経なのではなく、相手に配慮して強い怒りは堪えたり、さらりと気持ちを伝えたりする術ももっています。

「表情豊かな女性って素敵」とほめましょう。「おいしいね」「ワクワクする～」「びっくり！」「キツいなー」「苦手」など感じたことを口にすると、自然に表情も豊かになっていくはずです。

自分ほめ習慣51　トキメキをほめる

「ワクワクしている私、いい感じ！」

女性にとって、トキメキはとても大切。恋愛だけでなく、好きな服、かわいい雑貨、おいしいスイーツ、初物のくだもの、休日のイベント、旅行、趣味など、ワクワクできるものがあると、毎日の生活にハリが出ます。男女問わず、人の表情に胸がキュンとしたり、好きなタレントを追っかけて動画を見たり、妄想をふくらましたりするのも、乙女心がわいてきます。

そんなトキメキに出合ったら、ストップをかけないこと。「まわりに引かれる？」「私っておかしい？」などと思わず、**「ワクワクするって素晴らしい！」「トキメキは女の活力！」**と肯定して突き進みましょう。

ときめくものがあると、女性ホルモンが活性化してきれいになり、健康にもいい影響があるといいます。いくつになってもトキメキを追いかけていたいものです。

「ときには孤独も必要。ちゃんと自分と向き合える」

孤独だと感じるのは、「わかってもらえない」「愛されない」「助けてもらえない」など、人とつながりたいのに、つながれないとき。他人に求めることで解決することもありますが、ただ寂しさを紛らわすだけでは根本的な解決になりません。

人間は人のなかで生きる一方で、孤独であることも事実。孤独でつらいときこそ、自分をみつめて、抱きしめるようにほめ言葉をかけてあげてください。

「ひとりでよくがんばったね」「自分らしく生きているんじゃない？」「私なら大丈夫だよ」と、自分で自分のことを肯定していたら、孤独も乗り越えていけるでしょう。**「ひとりでいられるから、人と一緒にいることもできる」**とほめてあげましょう。

自分ほめ習慣53　焦りや緊張を感じているときにほめる

「とりあえず、〇〇できればいい。普通にやれば、何とかなる！」

人前で話をするとき、ミスしたときなど、テンパってしまうことがあるもの。そんなときは、まずは深呼吸をして、やることのハードルを下げましょう。「とりあえず、最後まで話せたらＯＫ」「とりあえず、原状回復できたらいい」というように。

そして**「私なら何とかなるでしょう！」「淡々とやれば、なるようになる！」**と激励するのです。「これまで何とかやってこられたし」「あとは笑顔でカバーできるし」と、何とかなる根拠が集まって、落ち着きをとり戻してきます。言葉と行動をゆっくり丁寧にするのも、落ち着くために効果的です。**「何とかなる」「なるようになる」**は気をラクにしてくれる魔法の言葉。いろいろな場面でログセにすると、考えすぎることが減って、積極的に動けるようになります。

自分ほめ習慣54　罪悪感をほめて許す

「罪悪感があるのは、やさしいから。でも、そろそろ手放さない？」

「悪いことをしてしまった」「傷つけてしまった」「私のせいで迷惑をかけた」といった〝罪悪感〟を何日も、なかには何年も引きずっている人がいます。だれも責めていないのに、自分で「自分が悪い」と責め続けているのです。

〝罪悪感〟は、人に対する誠実さ、協調性の裏返しでもあります。だから「罪悪感をもってはいけない」ではなく、**「人のことを考えられるなんて、やさしいね。でも、いい加減、許してあげてもいいんじゃない？」**とほめて許すのです。

裁判官のように「あなたは罪人です」とジャッジするのはやめましょう。保護観察官になったつもりで「人間だから、そういうこともあるよね。過ぎたことはしょうがない。ま、次から気をつけようね」と言ってあげてください。

自分ほめ習慣55　後悔しないことをほめる

「やりたいことをやっていれば、後悔はないでしょ」

過去を振り返って「あんなことしなきゃよかった」と思っても、当時はそうしたくなる気持ちがあったのでしょう。自ら進んでやったことは、自分の責任として受け止められるものです。

心から後悔するのは、「やったこと」ではなく、「やらなかったこと」「人に従ったこと」です。後悔する気持ちは、いつも「自分の道を進め。正直で賢明であれ」と教えてくれています。

私たちは、過去の後悔は気にとめますが、後悔しないことに対してはスルーしてしまうもの。ときには**「これだけがんばったら悔いはない」「あのとき、やっておいてよかった」「後悔しないように、挑戦しよう」**と、後悔しないことを意識してみてはいかがでしょう。それが人生の充実感、満足感にもつながっていきますから。

自分ほめ習慣56　穏やかになったことをほめる

「前に比べて、イライラしなくなったね」

「環境や人間関係が変わったわけではないのに、あまりイライラしなくなった」という話を聞くことがあります。それは、自分なりの楽しみができたり、人間関係の対処法をみつけたり、自分に自信をもてたりして〝恐れ〟が緩和されたからでしょう。

そんな心境の変化を感じたら**「グチを言う回数、減ってるんじゃない？　成長したね」「前よりも穏やかでやさしくなったね」「笑顔が増えてきた！」**と喜んで。

ほかにも「言い返さなくなった」「親切になった」「人の話を聞けるようになった」「時間的に余裕がもてるようになった」など、心の成長に気づくことがあるはず。自分を幸せにしている自分をちゃんとほめてあげてください。

自分ほめ習慣57　機嫌がいいことをほめる

「今日もご機嫌だね。その調子！」

〝機嫌のよさ〟は、自分とまわりの人を幸せにする最高のギフト。同僚でも家族でも、いつも機嫌がいい人が近くにいると、気持ちよく過ごせます。

反対に、不機嫌な人がいると、まわりも嫌《いや》な気持ちになりますが、いちばん嫌な気持ちを味わっているのは、自分自身でしょう。

機嫌のいい人は、性格だから、恵まれているから、といった問題ではありません。些細なことでも幸福感を味わえる人、そんな環境を自分でつくれる人だからです。

何をするにも、自分自身が心穏やかでなければ、人に何かを与えることはできません。**「ご機嫌に過ごせることに感謝」「機嫌よく生きることが、最高の処世術」**と、自分の機嫌をとりましょう。

だれもが自分の幸せに責任をもてたら、多くの人が今よりもっと幸せになれるのです。

第六章

人間関係をやわらかくする「自分ほめ」

自分を愛せると、他人も愛せるようになり、愛されるようになります

「自分ほめ」の習慣がつくと、人間関係もいい循環ができていきます。

人間関係の根源にあるのは、「愛したい」「愛されたい」という本能的な欲求です。

これらはどちらも大切な生きるエネルギーですが、「愛されたい」という欲求が〝承認欲求〟になって持て余し、苦しい思いをしている人は少なくありません。

子どものころ、親や先生に「見て！　見て！」とアピールしたことがあるでしょう。「すごいね」とほめてもらいたいという気持ちがあるからです。

認められたいという承認欲求はだれでもあるものですが、強すぎると、自己肯定感を低くするだけでなく、人間関係の摩擦やストレスになっていきます。

それを解決してくれるのが「自分ほめ」。つまり、自分で自分を認めることで精神的な自立が生まれ、他者の承認に過度に依存しなくなるのです。

【2つの承認欲求】を整理しますね。

●他者承認欲求……他人から認められたい・ほめられたい、注目されたい、尊敬・地位・名声が欲しい、信頼されたい、愛されたい

●自己承認欲求……自分で自分を認めたい・誇りに思いたい、能力や人間力を高めたい、自分を信頼したい、愛したい

他者承認欲求が欠乏すると「なんでわかってくれないの!」と苛立《いらだ》ったり、「私は低く見られている」と落ち込んだり。自慢やマウンティング、かまってちゃん、おせっかい、ネット批判なども、他者承認欲求からくるものでしょう。他者承認だけに頼ると「愛されなければ存在価値がない」とさえ、思うようになります。

しかし、他人がどう感じるかは、他人の問題。「自分で自分を認められる生き方をすること」は、結果的に他人からも認められる生き方になります。

「自分ほめ」は、自分を愛し、人を愛し、人から愛されるためのツールです。

第三〜五章の「自分ほめ」でも、まわりの人に対して、心の余裕をもてるようになりますが、第六章ではさらに精神的な自立をしながら、人間関係を円滑にしていく「自分ほめ」をご紹介しましょう。

自分ほめ習慣58　人の長所や魅力を見ることをほめる

「人の粗探《あらさが》しでなく、いいところ探しができる私は素敵。口に出してほめられる私は、もっと素敵」

「自分ほめ」を実践していると、他人のこともほめたくなってきます。いいところを見ようとする思考のクセは、さまざまなものに対して使われるようになるからです。

　これまで嫌なところばかりが目についていた相手に対しても、「どんな人にもいいところはある」とひとつでも長所や魅力を見つけると、穏やかに接することができるようになります。相手のためでなく、自分自身がラクになるのです。**「短所より長所に目が向けられる私は、器が大きい」「自分から相手の魅力を見つけようとするって、大人だわ」**と自分をほめましょう。さらに、口に出してほめられたら、もっとほめましょう。

　人をほめることが多い人は、人からほめられることも多いはずです。

自分ほめ習慣59　人に感謝できることをほめる

「人に感謝できる自分に感謝」

人に感謝することはあたりまえのようですが、いつでも、素直に感謝できるわけではありません。

あたりまえになっていることには、意識していないと、感謝のアンテナが働かなくなってしまいがち。死ぬときに後悔することのひとつは「感謝を伝えなかったこと」といいますが、人生の最期は、人の愛を受けとる感度が高くなるのかもしれません。

普段から家族、友人、恋人、同僚などに感謝の気持ちをもっていたら、関係がこじれることもないでしょう。

「小さなことにも『ありがとう』を言えるって素晴らしい」「感謝を忘れないのは、えらい！」と相手だけでなく、感謝できる自分もほめましょう。

感謝する力は、幸せになる力であり、生きる力でもあるのです。

自分ほめ習慣60　自分は自分でいることをほめる

「『人は人、自分は自分』でいられたね。よしよし」

「みんながするから私も」「私はどっちでもいい」など、自分がない状態では、自分を好きになれないでしょう。

何かを選択するとき、「人と合わせること」「人と比べること」「人の目を気にすること」を手放して、「自分はどうしたいか」で選んだ自分をほめましょう。それが、いちばん自分を幸せにする選択ですから。

「自分をもっているね」「自分は自分と思えるようになったのは、大きな進歩」と自分軸ができていることに拍手。

人と自分は違うと割り切ってしまえば、他人の言動がさほど気にならず、人間関係がラクになります。相手の考えや価値観も尊重できるようになるはずです。

自分ほめ習慣61　人の気持ちに共感できることをほめる

「人の幸せを喜べる私は幸せ」

『ドラえもん』のなかで、のび太くんと結婚するしずかちゃんに、パパがこんなことを言う場面があります。「あの青年は人の幸せを願い、人の不幸を悲しむことができる人だ。それがいちばん人間にとって大事なこと。彼なら、まちがいなく君を幸せにしてくれる」

共感できる人は、相手の気持ちをわかろうとする人。反対に、相手の気持ちをわかろうとしない人、頭ごなしに否定する人と一緒にいると、つらいもの。なかには「人の幸せを妬《ねた》み、人の不幸を喜ぶ」という人もいます。

「人の幸せを願えるなんて、素晴らしい」「思いやりがある」と称えて。

ただし、自己犠牲の共感では心を消耗するので、自分を大切にすることも忘れずに。

自分ほめ習慣62　人の話をちゃんと聞くことをほめる

「意見が対立しても、相手の話をちゃんと聞けた。私は、器が大きい！」

　同じ意見の人の話は「そうそう！」と同調して聞けても、違う意見の話は素直に聞けないことが多いもの。自分を否定されたと感じるからでしょう。しかし、考え方の一部が違うだけで、自分が否定されたわけではありません。「なるほど。そういう考え方もありますね」と相手を尊重すれば、別の視点を教えてもらえます。問題解決や成長のためには違う意見こそ、大事。人間関係においても、協力体勢になれます。

「自己主張するだけでなく、人の話にも耳を傾ける聞ける私は、進化している」「アドバイスを素直に聞けるっていいね」とほめて、違う意見を歓迎しましょう。

　人の話を聞く人は、ただ従順な人ではなく、自分の気持ちに素直でありながら、人の意見にも耳を傾けられる人。自分軸をもっていることが基本なのです。

自分ほめ習慣63　嫌なことを、断ったことをほめる

「よく断った！自分を大切にしているね」

「誘いや頼まれごとを断るのが苦手」という人は多いもの。それは、相手を大切にしているようで、「嫌われたくない」「波風を立てたくない」という自分への保身があるのかもしれません。断れないでいると、相手のことが嫌になって、人間関係がゆがんでいきます。

おたがいのためにも、断ることは大事。正直であるからこそ、いい関係ができるのです。

「参加できないけど、誘ってくれてありがとう」「全部はできないけど、少しなら手伝えるよ」と相手への配慮を忘れなければ、嫌われることもないでしょう。

「断り上手！」「断っても、私なら大丈夫」「いい人をやめた私は素晴らしい」と、断った自分をほめましょう。

断ったあとはすっきりするはず。それは、大切な時間と、正直な自分をとり戻したということです。

自分ほめ習慣64　嫌味を聞き流したことをほめる

「嫌味《いやみ》をスルーできるなんて、たいしたもの！」

嫌味、キツい言葉、批判、叱責など刺々《とげとげ》しい言葉が、心をえぐることがあります。相手は軽い気持ちで言ったとしても、受けとる側は「あんなふうに言われたから、私はダメな人間だ」「私は嫌われている」など何倍も大きくして受けとってしまうのです。

傷つけた人はケロリとしているのに、自分がクヨクヨと引きずるのは虚《むな》しいこと。すべてを真に受けないで、〝受取拒否〟をしてもいいのです。

悪意がある言葉、感情に流されてぶつけた言葉など、〝毒〟のあるものは、すべて拒否。相手の感情は、相手の責任。自分のために必要な言葉、必要な部分だけを謙虚に受けとりましょう。**「あの言葉を聞き流せたなんて、えらいね」「スルーできる私は大人だわ」**と、受取拒否できた自分をほめて。

自分ほめ習慣65　悪口を言わないことをほめる

「一緒になって悪口を言わなかった私は、成長したもんだ」

悪口を言いたくなるようなことがあっても言わないのは、相手のためではなく、自分のため。言葉とは、口に出してしまったら、呪いのように自分を縛ってしまう。自分の敵をつくるだけでなく、自分自身に対しても「悪口を言う人」として認識するようになります。

また、悪口を言い合うことで仲良くなる関係なら、距離を置いたほうが身のためでしょう。

話の輪のなかにいても黙っておく。「そう？」とトボける。話題を変える。忙しさを理由に立ち去るなど、適当にかわしていると、そのうち、まわりから「悪口を言わない人」として扱われるようになります。

「悪口をかわすのに成功したね」「スマートな大人の対応！」と、流されないことを称えましょう。

自分ほめ習慣66　つらい人間関係のなかで生きていることをほめる

「しんどい人間関係のなかで働いている私は、相当、人間力が育っている」

職場に苦手な人がいる、人間関係がよどんでいる、摩擦が起こりやすいなど、「うちの職場は人間関係がよくない」という人は多いものです。が、それは当然。上司や同僚は、利益を生む目的のために集まっている人たち。仲がいいことや、理解し合うことを期待すると、膨大な時間とエネルギーを費やします。

「仲よくしなければ」ではなく、「仲がよくなくてもいい。むしろ、いい関係でいるには距離感が必要」と割り切ったほうがいいでしょう。

それに、とんでもない上司や後輩がいたり、ギスギスした関係があったりするほど、人間力や人間関係力が育つもの。ストレスを抱えることはあるでしょうが**「あの人とうまくやれるなんて、私は心が広い！」「この職場でやっている私なら、どこにいっても楽勝」**と自分を励ましてください。

自分ほめ習慣67　〝嫌われる勇気〟をもてたことをほめる

「摩擦を怖がらずに意見を言えた。勇気をもてたね」

相手に嫌われたくない、相手を否定したくないと、摩擦を避けてしまうことがあるものです。それが必要なときもありますが、つねに人の顔色をうかがったり、自分を偽っていたりしたら、あらためる必要があるかもしれません。

相手の期待に応えるよりもまず、「こうありたい」という自分の期待に応えることが先決。相手がどう思うかは相手の問題ですから。

人はだれでも心の奥で愛されたいと思っているので、人の期待に応えようとします。だからこそ「ここは自分を優先しよう」という〝勇気〟が必要。摩擦を恐れずに意見を言えたこと、断れたこと、正直に振る舞えたことなど、**「嫌われる勇気をもてた」「自分を大切にするから人を大切にできる！」**と拍手を送って。

自分ほめ習慣68　人の期待に応えようとする自分をほめる

「自分の役割を全《まっと》うしようとしている私は、輝いている！」

自分を置いてきぼりにして人の期待に応えてばかりいると、不平不満も出てきますが、一方で、人の期待に応えようとするからこそ、底力が出てくるのも事実。自分だけのことならいい加減でも「あの人のため」「チームのため」なら、がんばれることがあるでしょう。

大切なのは「人に喜んでもらうことが、自分の喜び」とわかっていることです。自分の役割を喜んで引き受け、全うしようとするとき、人は生き生きと輝きます。

役割が自分をつくり、成長させてくれるのです。置かれた場所で花を咲かせようとする姿はだれでもうつくしいのです。

「自分の役割を喜ぼう」「**期待されるのは、その力があるから**」「**必要とされて輝く**」と思えたら、日々の充実感もあるはずです。

自分ほめ習慣69　人間関係を手放したことをほめる

「離れることも大切だと思える私は、大人になった」

子どものころは「みんなと仲良くしなさい」「友だちは多いほうがいい」などと教わったものですが、そんなに多くの人とつき合えるものではありません。離れていく人もいるからこそ、大切な人を大切にできるのです。

どんなに気が合っていた友人も、疎遠になることもあります。恋人、配偶者でも疲弊することもあります。

だれとつき合うかで人生は決まるといっても、過言ではないでしょう。

「この関係からは卒業！　学びが終わったね」「離れる勇気をもてたね。いい環境をつくるのは自分の責任」と徐々に距離を置きましょう。一緒にいたいと思う人は、たとえ立場や価値観、意見が違っても、いい影響を与え合える人ではないでしょうか。

自分ほめ習慣70　苦手な人から学ぶことをほめる

「苦手な相手から学びを見つける私は、学びの達人」

「どんな人も好きになること」はできなくても、「どんな人からも学ぶこと」はできます。「あの人から学ぶことは、まったくない」と思うような相手でも、何かしらいいところはあるもの。なくても、「どうしてあんな態度をとるのか？」「ストレスフリーでつき合うには？」など疑問をもつと、見えてくる学びがあるのです。

あるいは「こんな言動は人を傷つける。自分はそうならないようにしよう」など、反面教師にするといいでしょう。

人生の学びは、だれからでも、どんな出来事からも学べます。学ぶテーマは無限にあって、掘り下げていくのも、広げていくのも自分しだい。苦手な相手も、不都合な現実も「学びの場」と思えば受け入れられるでしょう。**「学びの天才！」「吸収力があるね」**と自賛して。

自分ほめ習慣71　人を俯瞰して見ることをほめる

「腹が立つけど、あの人はあの人なりにがんばっている。そう思える私は、もはや神目線」

人に対してイライラ、クヨクヨしているときは、視野が狭くなっていて、その部分しか見えていないからです。

「あの人もあの人なりにがんばっている」と俯瞰してみましょう。どんな人も今を懸命に生きています。いい加減に見えても、要領よく見えても、精いっぱいの姿です。

また、苦手な相手でも、幼少期の写真を見ると、ほほえましくなるものですが、どんな人も親がいて、かわいい時代があって、悩みながら成長して、喜怒哀楽を味わいながら生きていきます。そんなふうに人間を俯瞰して見ると、一人ひとりが尊く思えてきて、相手への嫌悪感が和らぎませんか？

「もはや神レベルのまなざし！」「フラットに見ようとする私は、大人だ」とほめちぎり、心を穏やかにしましょう。

自分ほめ習慣72　話しかけた勇気をほめる

「自分から話しかけた私はさわやか」

初対面でも、近所の人でも、職場でも、「話しかけたいんだけど……」と躊躇《ちゅうちょ》することがあります。「どう反応されるか」などと考えると、踏み出せないのです。

そんな人は「半分の人が応えてくれたらラッキー」と〝実験〟と考えてみるといいでしょう。

きっかけは「こんにちは」「よく会いますね」「素敵なバッグですね」「近くにコンビニはありますか」など、何でもいいのです。

半分くらいは会話ができる関係になるかもしれないし、10回に1回くらいは親しい関係になるかもしれません。

ともかく〝実験〟すれば、新しい扉が開かれます。**「待っているだけでなく、自分で切り開いていく姿は素敵」「話しかける勇気をもてたね。拍手!」「明るく、さわやかに映っているよ」**と小さな一歩を祝福したいものです。

自分ほめ習慣73　話しかけられたことをほめる

「話しかけられる私は、好感度が高い！」

初対面で話しかけられやすい人、職場でよく声がかかる人などは、その人が話しかけられる〝何か〟をもっているから。目立つから、美人だからということはあまり関係ありません。多くは「いい人そう」「気さくに応じてくれそう」など安心感がある雰囲気の人を選んで話しかけています。

そんな雰囲気は「表情」「視線」「姿勢」が大きく影響しています。にこにこしている人、目が合う人、姿勢が伸びてこちらを向いている人には話しかけやすいもの。反対に、硬い表情で背中を丸めて、スマホを見ていたら、自分の世界に閉じこもっているようで、話しかけにくいでしょう。

「みんなやさしく声をかけてくれる」「感じのいい人に見えるらしい」と自信をもてれば、人と接することが楽しくなってくるはずです。

自分ほめ習慣74　譲ったことをほめる

「負けるが勝ち。譲るが勝ち」

「譲る」という行為は、自尊心の高い人だからできることです。スーパーのレジ待ちで譲る、職場で意見が割れたときに譲る、上司に花をもたせて手柄を譲るなど、気持ちよく「どうぞ」ができる人は、損か得かではなく、「譲れる自分が誇らしい」という態度に価値を置いています。

「私のほうが先」「手柄は自分のもの」と奪い合う態度は、みっともないもの。何かを得ても、いちばん大事な〝信頼〟を失っています。

譲ることのできる人は信頼されてここぞという場面では譲ってもらえます。結果的に得をして、自分の行きたい方向に進めるのです。

すべて譲るのではなく、重要なことでなければ譲ったほうが気持ちいいもの。「**大人の余裕ですね**」「**徳を積みましたね**」と誇り高くありたいものです。

自分ほめ習慣75　謝ったことをほめる

「謝ることが恥ずかしいのではなく、謝らないことが恥ずかしい」

自信のない人ほど、プライドが高くて謝れないもの。謝ったら自分を否定するようで、「私は悪くない。だって……」と言い訳の武装をするのです。

ミスをしたとき、失言をしたとき、家族や恋人とケンカをしたとき、たとえ相手に非があっても、先に「ごめんなさい」「申し訳ありません」と謝れるのは、かっこよく、自信のある行為。自分よりも相手や人間関係を優先できたということですから。

人は何かしら迷惑をかけたり、お世話になったりしているもの。「こんにちは」「ありがとう」「ごめんなさい」の3つが素直に言えたら、それほど悪化せず、生きていけるのではないでしょうか。

「謝ることはかっこいい」「謝り上手！」「言い訳しないで謝れたね。よしよし」と心で頭をなでてあげてください。

自分ほめ習慣76　人に頼ることをほめる

「人に頼れるのは、自立している証拠」

「人に頼らないこと」が大人だと思って、何でもひとりで抱えてしまう人が多いようです。とくに、子どものころから「しっかりしなさい」「いい子でいなさい」と大人の期待に応えてきた人は、頼るのが苦手なものです。

でも、「人に頼れること」こそ、大人。自分が倒れないように、頼れる人、頼れるものを確保しておくのも自立です。大人は、人間はひとりで生きていけないことを理解しているので、ただ甘えるのではなく、「おかげさま」「おたがいさま」の関係をつくっていくのです。

頼ることに抵抗がある人は、まず「**これまでじゅうぶん、ひとりでがんばってきたよ**」とほめてあげましょう。そして「**頼れる勇気をもてた私は、大人だ**」「**心の重い荷物をもってもらえたね**」と一歩を踏み出して。

自分ほめ習慣77　人のやさしさに気づいたことをほめる

「やさしさに気づくのは、やさしさがあるから」

自分のなかにやさしい気持ちがないと、人のやさしさには気づけないものです。自分がいっぱいいっぱいで余裕がないときは、まわりの人がやさしい言葉をかけてくれても、親切に接してくれても、素直に受けとれないどころか、気づかないこともあります。

人のやさしさに対して「ありがたいな」と思えたことを喜びましょう。話を聞いてくれる人のやさしさ、声をかけてくれるやさしさ、さりげなくフォローしてくれるやさしさ、あえて厳しいことを言ってくれるやさしさ、ただ見守ってくれるやさしさ、許してくれるやさしさ……さまざまなやさしさに気づいた自分を**「目に見えない愛に気づけるなんて、成長したね」「やさしさは循環していくよ」**と称えて。人はやさしさなしでは生きていけないのです。

自分ほめ習慣78　愛することをほめる

「だれかを大切に思う気持ちって、宝もの」

女性は「愛されること」「愛すること」、どちらも求めるものですが、「愛すること」に重きを置いたほうが幸せになりやすいはずです。愛されることを求めても、それは相手が決めること。愛することは、相手がどう思おうと、いくらでももつことができます。

愛する人、大切な人、応援したい人……身近な人だけでなく、ペットでも、もう会えない人でも、愛《いと》おしいと思うことは、それだけで尊いこと。心をうるおし、生きる力を与えてくれます。

愛情に満ちた人は、やさしく、あたたかなオーラに包まれているもの。**「人を愛せる自分が誇らしい」「大切な人を大切にしようとする気持ち、大切だね」「愛があふれているね」**を喜びましょう。

愛を与えてもらう人より、愛を与えられる人が豊かで、美しいのです。

第七章

「自分ほめ」を効果的にする
オプションがあります

悩み事は書き出してみましょう

ここまで、毎日の生活のなかで自分をほめる実例を紹介してきましたが、その「自分ほめ」をさらに効果的なものにする方法があります。

第七章では、その方法を紹介していきましょう。

一つ目は、悩みごとを書き出してみることです。

私たちが悩みや、悩みとは認識しないほどのことにイライラやモヤモヤした状態が続いてしまうのは、問題が「漠然としている」から。当然「どうしていいかわからない」という状態なので、ぐるぐるとエンドレスに考えてしまうのです。

人は「問題がわからない」と、答えを出せないのです。

チラシの裏でも、スケジュール帳のメモ欄でも、パソコンやスマホのメモ機能でもかまいません。とにかく、モヤモヤしていることを文字にしてみましょう。

悩みは、書き出すことで「悩み」ではなく、「解決すべき課題」となります。課題がハッキリとしたら、人は自然に答えをみつけるのです。たとえば……

「嫌味《いやみ》を言われて言い返せなかった↓言い返さなくてよかったかも。放っておこう」

「何となくしんどい↓今はふんばりどきだから、ここを乗り越えたら休もう」

「彼氏から連絡がない↓明日まで待って、なかったら自分から連絡しよう」

「転職したいけど踏み出せない↓まだ気持ちが定まらないから、しばらく考えよう」

というように、何らかの解決策が出てきて、ひとまずケリがつきます。


結局のところ、「今できることをするしかない」と思えてきます。

大きな課題や選択は、すぐに解決策が見つからなくても、あるとき、ふっと「そうだ。～しよう」と自分なりの答えがハッキリと見えてきます。

方向性を決める道標になっているのは、「～するべき」という世の中の正解ではなく、「私はこうしたい」「私はこうありたい」という自分の〝心〟です。

自分なりの答えをひとつでもみつけたら少し気持ちが軽くなるはずです。それは、自分を少しだけ幸せにできたということ。**「よしよし。自分で答えをみつけたね。素晴らしい！」**と大いにほめようではありませんか。

人と話すことで、自分が見えてきます

悩みごとを書き出すのと同じくらい、心が軽くなって解決もできる方法があります。それは、人との〝おしゃべり〟です。

ざっくばらんに話せる相手に、仕事や人間関係の悩みを聞いてもらうと、気持ちがラクになったり、「まぁ、私も悪かったんですよね。次は、～すればいいですね」などと自分で分析、解決したりした経験は、だれでもあるのではないでしょうか。

なかには、失恋や、パートナーとうまくいかないことなどを、自虐ネタのようにおもしろおかしく話して、いつの間にか元気になっている人もいます。

それは、自分の気持ちを解放して、すっきりしたから。さらに人に受けとめてもらえるだけで、傷ついた心が癒やされるからです。

もうひとつ、おしゃべりの重要な効果は、自分を客観視できること。ひとりで悶々《もんもん》

と考えているときは、ひたすら主観的な〝感情〟にとらわれていますが、人と話をするときは、〝思考〟を働かせながら、客観的に状況を説明するもの。結果として、感情が穏やかになり、頭の中が整理できて、自分で答えを見つけようとするわけです。

また、おしゃべりの素晴らしさは、自分と違う視点が入ることで、自分の勝手な思い込みや、ゆずれないことなど、〝自分〟を発見できることです。

たとえば、悩んでいることに対して、相手に「私はそうは思わないけど」と反論されて、「これまで思い込みに縛られていた」「ここは私の譲れない点なのだ」など、気づくことがあります。相手に「私もそう思う」と賛同されて、「私の考えはこれでいいのだ」と確信することもあります。

相手は自分の心を映す鏡。相対するものがあって、自分を知ることができるのです。注意すべきは、相手の言葉だけを鵜呑《うの》みにせず、自分軸をもって必要なことだけを取り入れていくことです。

心を開いて、おしゃべりができる相手に感謝。そして**「人と話すことで、いろいろ気づけて自分を広げることができた！」**と自分もほめてあげてください。

自分を深く理解するために〝ひとり時間〟をつくりましょう

前項では、人とおしゃべりをすることで、自分を発見できることを書きましたが、自分を理解するために、もっと重要なことがあります。

それは、一日15分でもいい、〝ひとり時間〟をもつことです。

どんなに愛する家族でも、気の合う友人でも何かの役割があってそこにいます。ひとりであれば、どんな感情になるのも、何を考えるのも、何をするのも自由。まわりのノイズをシャットアウトして、自分自身に焦点を当てて、本音ベースで考えることができます。

自分の感情を受けとめながら、「ほんとうのところ、どうしたいの？」「どうなりたいの？」「何がいちばん大切？」「どんな状態が心地いい？」「何が嫌？」など対話できる時間なのです。

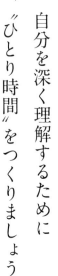

自分を理解しないことには、自分を幸せにすることもできないでしょう。

仕事が忙しかったり、家族がいたりして、なかなかひとりになれない人ほど、ひとりになることは大切。お風呂にゆっくり浸かる時間、通勤する時間、寝る前の時間を、ひとり時間にして、ゆっくりするだけでも、ざわついていた心が落ち着いてくるはずです。

ひとり時間は、本を読む、趣味を楽しむ、勉強する、筋トレをするなど何をしてもOKですが、心に負担をかけず、リラックスできるものがいいでしょう。

さらに、ひとり時間を効果的なものにするためには、何でもいいから、ひとつだけでも、自分をほめてみることです。

「今日はよくがんばった」「あのときは大変だったけど、何とか乗り切れた。えらい」「上司に叱られたけど、ぐっと堪《こら》えたね。あれは立派だった」など、ほめることで自信ができて、精神的にたくましくなれるのです。

自分を信頼している状態で、あれこれ考えると、気持ちを立て直せたり、素敵なアイデアが浮かんできたり、忘れかけていた情熱を思い出したりします。

ひとりの時間は「自分は自分」に戻る大切な時間なのです。

鏡に向かって自分をほめましょう

昭和の思想家、中村天風さんは、鏡に向かって「お前は信念が強くなった！」などと自分をほめることを提唱しています。

最初は気持ちがついていかなくても、くり返し行うことで、ある日、自分自身で「あ、そうなった！」とハッキリ実感できるときがくるとか。

そのときがやってくるのは、なりたいテーマや人の性質によってそれぞれ。数日で実感する人もいれば、何年もかかる人もいますが、ともかく「かならず、そうなる」と信じてやり続けることが重要なのだといいます。

鏡に向かってほめる方法は、こんなことにも有効です。

メイクをするときに、嘘でもいいから**「私はこの顔が好き」**と言ってみるのです。

最初は「いやいや、好きって思えないんですけど」と半信半疑でも、言い続けることで潜在意識のなかに入り込んでいきます。ふとショーウィンドウに映った自分、写真のなかの自分を見て「結構、好きかも」と実感するときがくるのです。

潜在意識は、いつでもその証拠をつかもうとしていますから。

どうしても叶えたい目標があるときは、騙《だま》されたつもりで、鏡に向かって**「私ならできる」**と言ってみてください。しつこいくらいに言い続けていると、不思議と、それを証明するような出来事が起こるようになります。小さな課題をクリアできたり、怠ける気持ちに自制心が働いたり、だれかが助けてくれたり、素敵な偶然が起きたり。

そして、「私ならできる」が確信に変わるときがくるのです。

「鏡に向かって」がポイントで、鏡に映った自分は、そのままの〝現実〟です。

夢や理想から目を離さないことも大事ですが、それと同じくらい大事なのが、現実を見ることなのです。最初は〝理想〟と〝現実〟の距離を感じて「まだまだダメだな」と思っていても、信じ続けることで、だんだんその距離が縮まってきて、「あ、できる自分になった」と実感するときがきます。

鏡の自分を見る効果は、自分の可能性を信じるようになること。「これが私」と認識すると、精いっぱい信じたいと心が前を向くのは不思議なほどです。

写真は自分を客観視するツールになります

鏡に映る自分をほめるのと似ていますが、より自分を客観視できるのが、写真のなかの自分をほめることです。

自撮りが苦手な人でも、人と一緒に撮影したり、記念に撮ったりした写真があるでしょう。そんな写真の自分は、鏡の自分とは印象がだいぶ違うはずです。「あれ？　私ってこんな顔だっけ？」と、他人を見るような発見があるかもしれません。そんな新鮮な自分への〝発見〟が大事なのです。

そして「見られる自分」を意識して、「斜め右の角度から見た顔のほうがいい」「明るい色のほうが、顔映りがいい」「もう少しウエストをしぼったら、服もかっこよく着こなせる」など、自分の魅力を高めるヒントが見つかります。

おすすめなのは、自分の「最高の写真」と、「最低の写真」をもっておくことです。

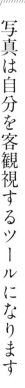

いい感じで写っている写真は、それだけで自信になるもの。「このときのスタイルが自己最高」「いつもこんな笑顔でありたい」などほめることで、理想的な自分であろうとします。

また、最低の写真は「二重あご、ヤバいでしょ」「このときの私は、なんてブサイクなの」など、いわゆるショック療法で、自分を改善しようとする力が働きます。

ただし、自分をけなすだけでは自信もなくなるので「今はずいぶんマシになった」「人間って変われるものだ」と変化をほめたり、励ましたりすることも忘れずに。

写真を飾っている家庭の子どもは、自己肯定感が高くなるという実験結果があるとか。好きなことに熱中している写真、誇らしいときの写真、家族に囲まれた写真など見るたびに心地よさを感じて、自信をもてるようになるのです。

大人でもこの効果は大。お気に入りの写真をときどき見返してみましょう。

「あの時代、よくがんばったな」「両親と旅行できてよかった」「このとき、恋をしていたから、格段にきれいに見える」などとほめていると、自分のことが、これまでよりずっと好きになるはずです。

歩くことは、「自分ほめ」を最強にしてくれます

何だかイライラしていたり、どうしようもなくつらかったりするとき、5分でも10分でも歩くと、気分が切り替わるものです。

歩いていると、脳内でオキシトシン、エンドルフィンなどの幸福物質が出たり、副交感神経が働いてリラックスしたり、思考がフロー状態になってアイデアを思いついたり……と脳が伸び伸びと働いて、さまざまな効果があるといわれます。

歩いているときは、〝快〟のスイッチが入って、余計な力や思考が抜け、ものごとを肯定的に見られるようになることは、まちがいありません。

体と思考はつねに連動しています。歩いていると、体が心地いい状態なので、潜在意識のなかにも「自分ほめ」が入っていきやすくなります。

部屋のなかでじっとしているときより、手足を動かして、前に進みながら**「歩いて**

いる私はえらいわー」「今日の仕事はうまくいったね」などとほめたほうが、力がわいてくる感覚があるはずです。

作家の友人は、会社員時代、職場まで歩いていく途中で、ひとつの看板を見るたびに**「私は作家になれる。私ならできる」**と言い続けていたそうです。

その思いは潜在意識に定着していったのでしょう。ある文学賞に入選して作家デビューし、今も本を書き続けています。

歩いているときの「自分ほめ」は何でも効果がありますが、とくに「夢＋自分ほめ」は最強です。

また、怒りや悲しみの感情にとらわれているときも、歩きながら**「つらかったね。よく耐えた」「自分なりによくやってきたよ。私はえらい」**と自分の感情に寄り添いながらほめると、癒やされ、苦しみが振り払われるように感じます。

思考がネガティブに傾きがちな人は、運動不足も関係しているのかもしれません。そんな人にとっても「歩きながらほめる」は前向きになれる最高の解決方法なのです。

セルフタッチをしながら、自分をほめましょう

幼い子どもは、親に抱きしめてもらったり、手をつないだり、ピタッとくっつきたがったりしますが、大人でも、人とのスキンシップは、やさしく、安心した気持ちになれるものです。

「触れる」という行為は、心地いい触覚の刺激が脳に伝わり、愛情ホルモンと呼ばれるオキシトシンが分泌され、扁桃体《へんとうたい》の興奮を鎮めてくれます。気持ちが穏やかになるだけでなく、痛みが軽減されたり、血圧が下がったり、免疫力が高まったりする効果もあるといわれます。

この「触れる・触れられる」という素晴らしい力、じつは自分自身に触れる〝セルフタッチ〟でも効果があるとか。オキシトシンが分泌され、体も心もゆるんで、他人との触れ合いに似た効果をつくり出すことができるのです。

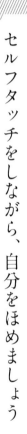

〝セルフタッチ〟は、いつでもどこでもできます。お腹でも、首の後ろでも、両頬でも、いちばん安心するところを選んで、両手で包み込むように、やさしく触りましょう。深く呼吸をしながら、7〜8秒も触れていると、心が落ち着いてくるはずです。

そして、触っているとき、**「いつもありがとう。よくがんばっているね」**と、自分へのほめや感謝をすると、ジワーッと、自分がとても愛おしく思えてくるのです。

スキンケアで顔をやさしくホールドしたり、ボディクリームを手足に塗ったりしながら、**「働いてくれて、ありがとう」**と労わってあげるもいいでしょう。

体を触る習慣ができると、不思議なもので、顔にシワがあっても、体に傷があっても、脂肪がつきすぎていても、自分のすべてが大切に思えてきます。

不安なとき、勇気を出したいとき、さびしいときは**「大丈夫だよ」**と言いながら、両手を交差させて体を抱きしめるセルフハグをすると、気持ちが安定します。

おすすめなのは、頭の頂点に両手を置いて**「よし、よし」**。子どもでも大人でも頭をなでられる「よしよし」は大好きなほめでしょう。だまされたと思ってやってみてください。頭頂部も手のひらもあたたかくなってきて、幼いころに「よしよし」されたような安心感が体全体にジワーッと広がるはずです。

活動や成長の記録をつけて、ほめましょう

何か続けたいことがあるとき、達成したい目標があるときは、手帳やカレンダー、スマホのアプリなどで活動や成長の記録をつけて、ほめてみてください。

それだけで励みになり、継続率が飛躍的に上がるのです。本を読破すること、資格試験の勉強をすること、趣味の講座に通うこと、運動をすることなど、続けられない原因は、意志が弱いのではなく、自分を責めてトーンダウンしてしまうからです。

「できない日もある」を前提にして、やった日に印をつける。やった量を書きこむなど目に見える記録にすると、少しずつの積み重ねを実感して、いい気分になります。

友人のひとりは、どんな方法でもできなかったダイエットと禁煙が、ほめることで初めて成功したといいます。

これまでは「ダイエットするって決めたのに、また食べてしまった」「意志が弱い

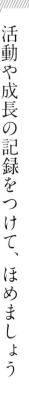

自分がイヤになる」と、自分を制限して、責めて、落ち込む……というパターン。ダイエットしかけても、ストレスがたまってドカ食い。リバウンドすることのくり返しでした。

それが、つい食べてしまっても、ほめる。「やせてきれいになろうとしているだけでも前向き」「ポテチを半分でやめた。素晴らしい！」「野菜から食べた」「よく歩いた」「ぐっすり寝た」「たくさん笑った」など、「ほめに値する？」ということでもほめること、さらに体重を記録することで、自然にダイエットできたとか。

明るいポイントを見て、心の負担を軽くすれば、軽やかに実行できるのです。

禁煙も「やったね。最初の1日目ができたら、2日目は楽勝」「3日できたら、もう大丈夫」とほめているうちに、1カ月、2カ月と経過。スケジュール帳のできた日に「いいね！シール」を貼り、シールがいっぱいになったことが自信に。

自分の行きたいほうに一歩進んだことを「ほめ」と「記録」で確認しましょう。

ほめることは、甘やかすことではありません。希望をもって歩み続けるためのエールなのです。

ときには〝ご褒美〟をあげましょう

私は、やりたいことをやっていて、それ自体が喜びではあるので、基本的には自分への〝ご褒美〟は必要ないと思っています。が、しかし、そんな私でも遊びに出かけるのをぐっと我慢して、根を詰めて仕事をしているときは、「これが終わったら、自分にご褒美をあげたいものだ」という気分になることがあります。

人間の心理として「これだけ苦しいことを自分に課しているのだから、喜びも与えてもいいのではないか」と、精神的なバランスをとろうとするかもしれません。

ただし、自分へのご褒美は、気をつけないと、自分を甘やかすことにもなってしまいます。「毎日仕事をがんばっているから、服の一着くらい買ってもいいよね。自分へのご褒美！」「いつもはダイエットしているから、一日くらい、食べすぎてもいいよね」と衝動的な行動の言い訳にしてしまうのです。思いつきで与えても、一瞬、喜ぶだけで、ご褒美の役割を担っているとはいえないでしょう。

ご褒美がより効果的になるポイントのひとつは、「あらかじめ計画しておくこと」。「今日のプレゼンが終わったら、とっておきのお酒を飲もう」「1週間、仕事をがんばったら、週末はキャンプに行こう」「資格試験に合格したら、欲しかった○○を買おう」など計画した時点で力がわいてきて、思い出すたびに「そうだ、あれがある」と元気になれます。人は「ご褒美をもらったとき」より「ご褒美を想像しているとき」のほうが、幸福感もやる気も続くのです。

もうひとつのポイントは、〝特別感〟があること。日常生活のなかで小さな喜びをちょこちょこ与えるのは大切ですが、「ご褒美」ということなら、モノでも経験でも普段とは違ったものがいいでしょう。

私はデビュー作を書いたときに、自分へのご褒美として腕時計を買いました。安価な時計ですが、当時の私にとってはぜいたくで、あちこち見て回って慎重に選んだ記憶があります。ときどき、その時計を見て「**あのころ、無我夢中だったな**」「**よくここまで歩いてきたな。まだまだ先は長い。ぼちぼちいこう**」など自分を達観してほめることがあります。自分への特別なご褒美は、ずっと力を与えてくれるのです。

「自分ほめ」を習慣化していきましょう

「自分ほめ」をやり始めると、「自分をほめるって、こんなに気持ちいいんだ～」とその効果を実感するでしょう。

明るく元気になったり、救われたような気持ちになったり、癒やされたり、励まされたり、気がラクになったり……と、心に新鮮な変化があるはずです。

しかし、しばらくすると、それほど効果も感じられなくなって、飽きてやめてしまう人が多いのです。

これではもったいない。「自分ほめ」は、体の筋トレと同じで、少しやっただけでも効果はありますが、習慣化することで、さらなる心の健康が保てるのですから。

やめてしまうと、また前の状態に戻って不機嫌になったり、心の風邪をこじらせたり、回復するのにエネルギーと時間を要したりします。

21日間、「自分ほめ」を続けてみてください。すると、「自分ほめ」の思考回路が定着してきます。意識しなくても、明るく考えたり、自分を大切にしたりするプラスの回路が使われて、マイナスの回路は退化していきます。「自分ほめ」が〝習慣化〟すると、「そういえば、最近、イライラしなくなった」「積極的に発言できるようになった」「おしゃれが楽しくなった」など、さまざまな変化が定着するでしょう。

習慣化のヒケツは「自分ほめ」をパターン化してしまうことです。

この本に書いた「自分ほめ」の例を参考に、「メイクをしながらほめる」「眠る前と、起きてすぐにほめる」「スケジュール帳に自分へのほめ言葉を1日1個書く」「落ち込んだら、お風呂でセルフハグをしてほめる」など、自分のやりやすいマイルールをつくってください。パターン化されると、無意識にくり返すようになります。

注意すべきは、「ほめなければ」と義務化しないこと。休んでみるのも、ほめ方をより心地よく効果的に変えるのも自由。ほめなくても大きな損失はありませんが、ほめたらほめただけ、気分がよく、いいことも起りやすくなります。

「自分ほめ」は心の応援団であり、サポーターでもあります。その積み重ねがあるのとないのとでは、日々の生活も、人生の進み方もまるで違ってくるのです。

「自分が存在していること」を無条件にほめましょう

ここまで、たくさんのほめ言葉をお伝えしてきました。

人はだれでも、自分に価値があると信じていたいものです。そして、よりよい自分になって、さらに価値を高めたいとも思うものです。

「○○ができるようになった、えらい！」「自分なりによくがんばった」「人に喜んでもらえたね」「感性があるね」と自分をほめて、自分にとっての価値を実感できるのは、とても素敵なことです。

結局のところ、自分の価値というのは、自分で決めることなのです。

この本を読んだあなたは、これからの人生で「どうせ私なんて……」と、自分を貶《おとし》める言葉は決してかけないでくださいね。

そして、最後にもうひとつ、大切な「自分ほめ」をご紹介します。

それは、「生きていること・存在していること」をほめることです。

「〜だから、いい」ではなく、無条件に自分をまるごと受け入れて、ほめるのです。

「私は私のままで素晴らしい」「どんな自分であっても私は私が好き」「存在自体に感謝」「生きているだけで幸せ」「何があっても私は私を信じる」などなど、自分でしっくりするほめ言葉を、ときどきかけてあげてください。

「自分には価値がない」「生きている意味もない」と思うのは、「〜でなければ価値がない」と勝手に思い込んでいるからでしょう。

何かをしたから価値があるというのではなく、何をしなくても命があるだけで、価値があるのです。どんな自分であっても「自分という存在」を価値あるものとして受け入れられたら、大切にしよう、生かしていこうとするでしょう。

自分に腹が立ったり、失望したりするのも、自分に期待しているから。判断を間違えるのも、失敗できるのも生きているから。ほんとうは、そんなことも、素晴らしいことなのです。

自分を愛すること、信じることは決してやめないで、思う存分、自分というものを楽しもうではありませんか！

■著者プロフィル

有川真由美（ありかわ・まゆみ）

作家、写真家。鹿児島県姶良市出身。熊本県立熊本女子大学生活科学部生活環境学科卒業、台湾国立高雄第一科技大学応用日本語学科修士課程修了。化粧品会社事務、塾講師、衣料品店店長、着物着付け講師、ブライダルコーディネーター、フリー情報誌編集者など、多くの職業経験を生かして、働く女性のアドバイザー的存在として書籍や雑誌などで執筆。46カ国を旅し、旅エッセイも手がける。内閣官房すべての女性が輝く社会づくり推進室「暮しの質」向上検討会委員（2014－2015）。日本ペンクラブ会員。著書に『なぜか話しかけたくなる人、ならない人』（PHP研究所）、『たった一つの自信があれば、人生は輝き始める』（きずな出版）など、多数ある。

みるみる幸運体質《こううんたいしつ》になる！
「自分《じぶん》ほめ」

発行日　2021年 2月 7日　第1版第1刷

著　者　有川《ありかわ》　真由美《まゆみ》

発行者　斉藤　和邦
発行所　株式会社　秀和システム
〒135-0016
東京都江東区東陽2-4-2　新宮ビル2F
Tel 03-6264-3105（販売）Fax 03-6264-3094
印刷所　日経印刷株式会社　Printed in Japan

ISBN978-4-7980-6362-1 C0030